BREVE INSTRVCTION POUR MEDITER SUR LES EFFUSIONS DV SANG

de nôtre Seigneur.

Composé par le R. P. BARTHE-LEMY SOLVTIVE, Recollect.

A ROVEN,

De l'Imprimerie de ROBERT MACHUEL, ruë Escuyere, à l'Enseigne de la Foy Couronnée.

M. DC. LXXXVIII.

APPROBATION
des Docteurs.

NOus sous signez Docteurs en Theologie, certifions avoir vû & lû un petit Livre, composé par le Pere Charles Ioüye de l'Ordre de S. François, intitulé, *Bréve Instruction pour Méditer sur les effusions du Sang de nostre Seigneur*, auquel nous n'avons trouvé chose répugnante à la Foy Catholique, Apostolique & Romaine, En foy dequoy nous n'avons mis icy nos seings manuels ce huitiéme Octobre 1616.

F. SERGENT,

F. PERRIQUET.

A TRES-VERTUEUSE

Dame Religieuse Sœur Marguerite le Vassé, digne Mere Abbesse du Monastere de Patience de Laval.

MADAME,

La Méditation est une circonstance essentielle à la vie Religieuse : Car toute personne Religieuse est obligée d'essayer à se perfectionner, il n'y a point de perfection sans Méditation & contemplation. La Religieuse ne peut vivre ny nourrir son ame, que de ces delicates viandes, Méditation & Contemplations: Il est tres certain, que la Religieuse qui ne se soucie de cultiver ou apprendre l'art de méditer fait languir & trompe son ame, & n'est Religieuse que d'habit & de murailles.

De tous les sujets propres à méditer, les plus éminents & relevez, sont les mysteres de la Passion: il n'y à aucun qui retienne mieux l'ame auprés de son Dieu, & en une vraye dévotion, que la Méditation du Sang qu'à répandu pour nous nôtre Seigneur Iesus-Christ. C'est

R vj

EPITRE.

chose que vous sçavez & qui vous est commune, & qui fait que tant discours & devis, mémes les Prédications vous sont à vous & à toute
vôtre Religieuse compagnie, fades & sans goût,
s'ils ne sont assaisonnées & mélez de traits, &
conceptions sur la Mort & Passion du Fils de
Dieu. Aussi sont ce Mysteres que tous les Chrétiens doivent avoir gravez en leurs memoires.
Ce doivent étre les blasons, & les armoiries de
la Monarchie Chrétienne, & de toutes les
compagnies Religieuses. Les Roys, & Princes
d'Arragon, ont porté long temps en leurs
Ecussons, quatre bandes rouges en champ d'or,
qu'ils prisoient plus que les Aigles, que les Lys,
que les Croissans, ny que les Lyons : Car cela
leur marquoit les faits heroïque, penibles &
laborieux de quelques uns de leurs Ancêtres,
qui fut Geoffroy le Velu, Gouverneur du Com-
té d'Barcelonne, par nos Roys de France. Ce
grand-Capitaine se trouve en une bataille contre les Normands, sous les enseignes de nôtre
Loüis le Begue, où il se montra si vaillant &
genereux que par la commune voix, il remporta le los des faits d'armes. Aprés la victoire
il se presenta au Roy, couvert du sang ennemy
& du sien propre, demandant pour tout récom-
pense, quelques armes & blasons pour mettre
sur son Ecu ou Bouclier, le champ duquel étoit
vuide. Sa Majesté oignit quatre de ses doigts du
sang qui couvroit le casque & la rondache de

EPITRE.

Catelan, & en fit quatre barres sur son Ecusson:
Dequoy il fut si content, qu'il obligea sa posterité
de n'avoir jamais autres armories, & qu'il se
souvint avec quel hasard il leur avoit aquis ces
armes & blasons.

Le Fils de Dieu vôtre époux, ne nous a ouvert le Ciel, & reconciez à son Pere, qu'en ver-
sant & répandant son Sang. Il agrée infiniment que nous nous en souvenions & que ce
soit l'objet & l'amusement de nos pensées.

Ie n'ay mis ce Livre au jour que pour aider les
ames encores jeunes en la dévotion. Ie le vous offre & dedie : mais non pas pour vous. Ie ferois
tort à la connoissance que j'ay, comme des vôtre
plus bas âge vous vous étes arrachée des bras de
vos parens, fuy les tromperies du monde, & dérobé à vous même pour vous consacrer à Dieu
& pour de bonne heure pratiquer ce saint exercice. Ie le vous dedie, afin que les ames qu'un
saint desir de dévotion épointe, y voyant vôtre
nom & vôtre adieu, y trouvent de l'appetit &
de la recréation, & prennent envie à vôtre
exemple, de ce beau nombre de saintes filles
que vous conduisent, de dire adieu au monde
pour suivre Iesus Christ en la Croix & au Ciel.
Ie vous supplie le recevoir de pareille affection
que je le vous offre, & que je suis.

Vôtre tres humble serviteu
en Nôtre Seigneur,

Fr. CHARLES IOUYE.

AU MÊME IOVYE, SUR SES
Méditations des effusions du Sang
de Nôtre Seigneur.

SONNET.

POur écrire du fang, & du fang qui ravie,
Redonne vie aux morts il faut auffi mourir
Non fe frapper au corps pour y faire tarir,
Dans tes veines de fang, qui donne au corps la
vie.

Mais mourir faintement, & d'une mort fuivie
D'une autre heureufe mort, qui ne fert qu'à
guerir.

Qu'à donner vie à l'ame & luy faire acquerir
Les merites du Sang que l'Enfer nous envie,
Tu eft mort à toy même, en vivant pour les
Cieux.

Tu ne refpire qu'en ce Sang Précieux,
Qui fluë en tes écrits, & diftille en ton ame
Tu ne pouvois rien mieux pour noftre allege-
ment.

Que nous dreffer ce bain du découlement.
Du fang qui donne à l'ame, & la vie & le
calme.

Fr. Eleazar l'Archer, Gardien des
Recollects de la Flêche.

AU ME'ME IOVYE, SUR SES
Méditations des Effusions du Sang
de Nôtre Seigneur.

SONNET.

TU ne pouvois pas mieux choisir pour bien
    écrire,
Que le sujet du Sang, non du sang d'animaux:
Qui se corrompt soudain, qu'il est hors des
    vaisseaux.
Au même temps gâté, que du corps on le tire

Non c'est un sang divin que jamais ne s'empire,
Pour étre bien gardé du naturel des eaux.
Qui bouillonne sans fin, autant dans leurs ca-
    naux.

La source de ce Sang, est le corps du Sauveur
Et les canaux d'où sort cette douce liqueur.
Sont tous ses membres saints des pieds jusqu'à la
    tête.

Ta plume ouvre la veine, & le sang boüillon-
    nant.   (lant.
Se voit dans tes écrits qui nos cœurs vont brû-
D'amour envers celuy qui se donne sans reste.

F. Eleazar l'Archer, Gardien des
Recollects de la Fléche.

APPROBATION.

IAy soûs signé Frere Bernard du Verger, Religieux reformé des Freres Mineurs de l'Observance, & Commissaire General de la Terre Sainte, sur la Province de S. Denis en France outre le consentement du Reverend Pere Provincial de ladite Province, permets que le Livre nommé *Bréve Instruction pour Mediter sur les Effusions du Sang de nôtre Seigneur, & autres Mysteres de la Passion*, composé par le Reverend Pere, Frere Charles Jonye, Religieux de la même Province, soit imprimé, pourvû qu'on y garde ce qui a été ordonné au Saint Concile de Trente, touchant l'impression des Livres. Fait au Convent des Peres Recollets d'Orleans, ce dernier jour de Septembre, l'an de grace 1616.

F. *Bernard du Verger*: Commissaire General.

TABLE

DES CHAPITRES

ET MÉDITATIONS CON-
tenuës en ce Livre.

FIN.

BELLE

INSTRVCTION

POUR MEDITER SVR

LES EFFUSIONS DU SANG

de Nôtre Seigneur.

Ce que c'est que Méditer.

CHAP. I.

OUR bien inſtruire & apprendre à Méditer les Myſteres de l. Paſſion, il faut ſuccinctemen déclarer que c'eſt que Méditer, & comment il faut cultiver ce ſaint exercice.

Méditer n'eſt autre choſe, que diſcourir en l'ame, & interieurement ſur quelque ſujet, à intention de le bien entendre;

& mettre en pratique ce que l'entendement
en conçoit. De là s'ensuit, que Meditation
n'est autre chose qu'un discours & une consideration que l'entendement fait sur quelque Mystere, ou vertu. En cette consideration
tion, que nous apellons Meditation, l'ame
exerce les trois principales facultez, que
sont la memoire, l'entendement & volonté. La memoire represente ce qu'il faut
Mediter, l'entendement discour sur ce qui
la memoire luy represente : la volonté s'é-
mût, & produit quelque affection à la
chose sur laquelle l'entendement passe le
tems en Méditation & consideration.

Et parce que les choses que l'on peut Mediter, sont diverses, aussi sont divers les
mouvemens de la volonté : Pour exemple
si on se propose la vertu de Patience pour
Mediter, l'entendement en meditant, va
discourant sur la nature sur sa proprieté, &
sur les belles conditions de cette rare vertu:
il discourt avec plaisir comme elle est agreable à Dieu, comme elle est avenante à une
ame Chrétienne combien elle est profitable
& comme elle aporte un grand repos en l'a-
me. L'entendement plein & échauffé de ces
considerations, fait part de ce qu'il reçoit
la volonté. La volonté en apres s'en amoure,
s'enflame de cette belle qualité, la desire

la convoite, la demande à Dieu, cherche les moyens pour l'acquerir, & se resolut de s'en enrichir. Voila ce que c'est qu'une vraye & parfaite Méditation.

L'on peut aussi Méditer sur le vice, & y employer les mêmes facultez, d'un mouvement contraire à ce que nous venons de dire : car c'est afin de le fuir & l'avoir en horreur, comme qui voudroit Méditer sur l'impatience l'entendement considerera ses qualitez, se souviendra combien elle déplaist à Dieu, comme elle est dommageable à la nature humaine comme elle est messante à l'ame Chrétienne, & aussi qu'elle en dommage le corps, troublant sa santé, ses humeurs, corrompant ses complexions, faisant tomber l'homme en mille malices. Comme l'entendement discourt sur ces monstruositez & déformitez, la volonté se trouble, se dédaigne contre ce peché, & se resolut d'embrasser les moyens d'être delivrée d'une qualité si denaturée. Cela est aussi une vraye & parfaite Métation.

Il faut garder ces mêmes regles & enseignemens, quand on voudra Méditer quelques Mystere de la vie de nôtre Seigneur, des vertus de la Vierge Marie, ou de la vie des Saints : les exemples desquelles nous peuvent fournir d'une

infinité de sujet pour Mediter ; comme
plusieurs rares vertus qui nous sont propo-
sées pour les ensuivre, & milles beaux
moyens qu'il ont pratiquez pour se deffaire
des vices & pechez contraire à la grace de
Dieu & à la vertu. Ie blâme icy un erreur
commun à plusieurs pareſſeux Chrétiens,
qui ne veulent aprendre les Religieux, Exer-
cices de Méditer, se les figurans trop diffi-
ciles, disant qu'ils n'en ſçavent la pratique. C'eſt une tromperie de Satan que cela parce que discourir ou penſer attentivement en quelque Myſtere, ou chercher le
moyen d'acquerir quelque vertu n'eſt pas
une choſe difficile à l'ame cherche Dieu
& qui eſt bien avec luy. Mais le diable persuade l'Oraiſon mentale eſt un exercice
penibles & de grands frais afin d'en arréter
le cours & le fruit.

Or pour bien Méditer (ce que nous apellons faire Oraiſon Mentale) il faut choiſir
& élire un temps, ou une heure commode,
laquelle on y puiſſe s'employer toûjours
ſans la changer, s'il n'y a cauſe legitime. Car
l'ordinaire du diable eſt, que ne pouvant
empêcher l'oraiſon, il eſſaye de la remet-
tre en une autre heure, qui ſera moins commode, & fera naître des difficultez, &
ainſi il fera que l'on paſſera tout le jour

fant faire Oraifon, ou bien il fera naître en l'ame mille divertiffemens.

Le temps le plus propre eft le matin, avant que l'ame foit embroüillée d'affaires temporelles : eft bien équitable que l'on choſiſſe la meilleure faiſon du jour ; pour une action qui eft agreable à Dieu, & ſi utile à nos ames.

Il faut auſſi que le lieu où on veut faire Oraiſon ſoit ſecret & retiré où on n'entende ny trafiquer, ny babiller car cela aporteroit une grande diſtraction. Que ſi cette commodité manque il ne faut pas ceſſer de faire Oraiſon du mieux que l'on pourra, ayant bonne confiance en Dieu, qui ſçaura & pourra bien ſuppléer à ces defauts, qui accompagnent nôtre condition.

La poſture, ou compoſition du corps doit être modeſte & dévotieuſe, comme être à genoux, ou tout debout. Il ne m'a jamais ſemblé bon de Méditer en ſe promenant, ſi ce n'étoit que pour quelque ocaſion on fit tout bellement quelque tour. Il n'eft pas trop inconvenient de méditer étant aſſis: car il eft bon que le corps ſoit tranquille & en repos. Pour le faire court, il faut choiſir la maniere & la compoſition, que favoriſera le mieux la dévotion & l'atten-

tion : pourvû que ce ſoit ſas peine & ſans
violence.   Ie croy qu'il eſt bon que l'on ait
la tête découverte, attendu que l'on diſcourt
& que l'on traite avec Dieu , toutefois
ſi la ſanté ne le permet , il n'y a point de
danger d'être couvert.

Ce qu'il faut faire avant l'heure de la Méditation.

§. I.

Uelque temps devant l'heure de
la Méditation , faut choiſir le ſujet
ſur lequel il faudra Méditer , & le diviſer
en ſes parties , & les graver bien avant
dans la memoire : Car ſi quand on a à ne-
gotier avec les hommes, ou à faires quelque
ouvrage temporel ; l'on s'y diſpoſe & pré-
pare , on en délibere : à plus forte , raiſon,
quand on veut s'employer à un ouvrage ſi
haut , ſi relevé & ſi ſpirituel , de traiter &
diſcourir avec Dieu.

En allant au lieu deſtiné pour faire Oraï-
ſon, il ſe faut imaginer que nôtre Seigneur

gneur Jesus-Christ est là, qui nous attend
pour nous donner attentive audience, &
s'approcher du lieu, prier l'Ange Gardien,
ou quelqu'un des Saints à qui on à particulie-
re dévotion, qu'il nous accompagne & intro-
duise en la presence de nôtre Seigneur. Arrivé que tu seras, fais un humble & dévote reverence.

S'étant mis à genoux se faut élever, & là
faire ce que nous pretendons à la gloire de
sa Majesté, & pour le bien de nos ames.
L'Eglise nous apprend cela quand à tous
les commencemens des prieres, elle dit.
Deus in adjutorium meum intende, Domine
ad adjuvandum me festina. Qui est à dire,
ô Dieu entendez à mon aide, hâtez vous
Seigneur ; pour m'aider.

Il est tres-bon au commencement de la
Méditation de prier Dieu qu'il nous pardonne nos offenses, & nos imperfections
qui déplaisent toûjours aux yeux de sa Majesté : car se repentir & demander pardon,
est le vray moyen de rendre sa bonté propi-
ce & favorable.

❀❀❀❀❀❀❀❀❀❀❀❀❀❀❀

Ce qu'il faut faire durant la Méditation.

Parag. 2.

AFin que tu sois bien attentif durant la Méditation, imagine toy d'avoir en ta presence, & vis-à-vis de toy le Mystere ou la chose que tu Médites, figure toy que tu vois que tu en tens les personnes qui peuvent intervenir sur le Mystere de son Oraison & te represente ce qu'elles pourroient dire & penser, voyant tout ce que tu penses : Cela t'aidera beaucoup, & te rendra attentif, & bannir de ton ame les divertissemens qui te voudroient attaquer.

Il arrive bien souvent que l'ame trouve quelque goût & plaisir spirituel en la Méditation : il faut bien prendre garde de ne s'y complaire pas trop, & de ne changer pas de sujet. Il est bon de continuer la Méditation sur la même matiere, en redoublant quelque acte d'humilité, & la volonté sur le discours que fait l'entendement afin qu'elle embrasse d'affection ou qu'elle rejette ce que l'entendement produit par son discours : s'y affectionnant si la chose est sainte, ou la rebutant si elle est vicieuse : car c'est le principal fruit de la Méditation, que la volonté embrasse la vertu & la devotion, & haïsse ce qui déplaît à Dieu.

Ce qu'il faut faire la Méditation étant finie.

§. 3.

C'Est un enseignement vulgaire, entre tous ceux qui enseignent à faire Oraison, que d'user de Colloque, ayant achevé la Méditation. Colloque n'est autre chose, qu'un familier & amoureux discours avec Dieu, soit en magnifiant & loüant ses grandeurs, soit en le remerciant de ses liberalitez, soit en luy demandant pardon des offences, commises, ou en luy demandant la vertu de perseverance, où en luy offrant de bon cœur toute nôtre vie & toutes nos actions, avec un ferme propos &

résolution de ne faire & ne penser chose qui déplaise à sa Divine Majesté , moyennant son aide & son assistance.

L'heure de la Méditation étant donc passée , il faudra repasser & faire un recueil de tout ce que l'entendement a médité, & comme la volonté s'est affectionnée : & remarquer soigneusement comme tout a succedé , & rencontrant qu'il a eu quelque defaut & manquement, il le faudra remarquer pour y mettre ordre une autre fois.

Il ne se faut pas contenter d'avoir médité d'avoir en quelque contentement sensible ny d'avoir en quelque bons mouvemens & affections en la volonté. Il faudra entretenir l'ame en ces affections , & proposer de réformer sa vie, & de régler ses actions conformément aux bonnes & saintes inspirations que l'on a euës en l'Oraison.

Avis & instruction pour se gouverner aux difficultez qui arrivent durant la Méditation.

Parag. 4.

LE desir de plaire à Dieu & de réformer nos mœurs & actions, doit être le principal motif de la Méditation & ce qui nous doit faire entreprendre un si saint & dévot exercice. Et certes l'ame qui est portée de ce pur desir de plaire à Dieu & de faire sa volonté, franchira aisément les difficultez, qui font quitter la pratique de l'Oraison à plusieurs qui se chargent par trop eux-mêmes, la trouvant & jugeant trés difficile & impossible.

Vne des grandes difficultez ou fâcheries que plusieurs trouvent en l'excercice de l'Oraison, c'est de n'y trouver n'y goût, ny dévotion, & demeurant si arrides que l'on juge que c'est un temps perdu, que de si employer. Pour rejetter cette difficulté il faut apprendre que l'ame quelquefois demeure en sa secheresse

& sans plaisir (qu'improprement on appelle dévotion) par sa propre faute ; Comme
d'aller à l'Oraison sans disposition aucune,
& sans prévoir ou prémediter ce que l'on
doit fournir à l'entendement pour Méditer:
de-la sensuit, que l'on fait l'Oraison, comme par passe temps & sans fruit. Car nôtre
Seigneur en cela châtie l'ame de sa négligen-
ce. Il faut doncques garder soigneusement
ce que nous avons dit cy-dessus de la disposition.

Quelque fois l'ame dévote demeure seche
& aride en l'Oraison sans qu'il y ait de sa
faute. Quoy qu'il y ait, il ne faut pas desirer
ny s'arréter en un si beau chemin, faut
continuer & prendre courrage le goût & le
plaisir utile & profitable à nos ames dépend
de la bonté de nôtre Dieu ; car tout ainsi
que l'on reçoit avec beaucoup de joye le
contentement que nôtre Dieu donne en l'O-
raison : ainsi nous l'aisse en nôtre secheresse, & sterilité, il se faut évertuer &
perseverer. Quand le Soleil au Printemps
n'approche de nôtre hemisphere ou de
nôtre horison, il fait pousser & avancer
les planttes qui sont en la terre : & quand
aprés l'Automne il s'éloigne de nous, les
mêmes plantes fortifient & grosissent leurs
racine : tout de même soit que nous

reſſentions les effets de la preſence du Soleil de nos ames, ou que nous ne goûtions
point inſenſiblement, il ménage tout pour nôtre bien & utilité, faiſant ce qui eſt en nous.

La bonté Divine quelquefois veut que l'a-
me ſoit toute ſterile durant l'Oraiſon ſelon
ſon apetit & ſon jugement: c'eſt pour éprou-
ver ſi nous ſommes ſoldats volontaires, ou
à la ſolde, ſi nous ſervons ſa Majeſté comme
enfans, ou comme eſclaves amour, ou
pour la recompenſe.

Quelques autrefois Dieu nous laiſſe ſans
goût & plaiſir durant l'Oraiſon, pour
nous apprendre que toute conſolation vien
de luy, qu'il donne ſes dons librement à qui
& quand il luy plaiſt, & afin de t'inviter
doucement à luy demander ce qui t'eſt ne-
ceſſaire en toute humilité. En quelque façon que ce ſoit il faut faire tout ce que tu
feras pour l'amour de Dieu, & tu pourras dire bien à propos, tu reconnoîtras
que ton ame ſe voudra ennuyer en la
Méditation : *Ie ne fais l'Oraiſon pour en rece-*
voir icy aucun contentement ny récompenſe :
Ie veux faire tout ce que je feray jamais,
& notamment cette Méditation, pour l'amour
de mon Dieu, & veux continuer, afin de luy
plaire.

Vne autre difficulté qui arrive ſouvent

en la Méditation , c'est quand l'ame est combattuë & importunée de plusieurs pensées , & d'une infinité de divertissemens. Cela arrive quelquefois par l'artifice du démon, ennemy juré de la Méditation , parce que c'est un œuvre excellent & qu'il plaît beaucoup à Dieu. Quelquefois ces choses là arrivent du manquement & de l'imperfection de nôtre nature corrompuë par le peché. La faculté imaginaire toûjours vagabonde , contredisant à la résolution de la volonté, là traverse & importune l'entendement d'une nuée, & d'une pluye de pensées impertinentes , & de divertissemens irrésolus. Il faut apporter tout ce que l'on peut pour les dissiper , & faire évanoüir : mais sans se troubler , se ressouvenant que n'y apportant point de consentement , il n'y a point de peché : avec cela se consoler, sçachant que la peine que l'on prend à bannir telles importunitez de nos entendemens , pour méditer à l'honneur & gloire de Dieu , n'est pas moins agreable à sa Majesté que de faire Oraison attentivement, avec un plaisir sensible. Et je dis davantage , que le merite est plus grand de s'evertuer à tenir son ame pure & nette pour plaire à Dieu , que de ressentir quelque consolation de sa

Divine presence.

Ce sera aussi un bon remede pour chasser les divertissemens, qui attaquent l'ame
en la Méditation, de faire quelque dévot
colloque, en demandant aide & secours à
Dieu, reconnoissant humblement, & con-
fessant de bon cœur, que l'on ne peut s'aider soy-même : & encores se reprendre é-
tancer soy même de ne pouvoir demeurer
une heure en devis avec Dieu, sans pro-
duire milles extravagantes pensées, & on
demeurera bien tout un jour à entretenir
quelque clature de discours vains & mon-
dains.

Il ne faut pas durant la Méditation s'arrê-
ter, où s'affligera pour les scrupules ou ten-
tations qui nous supprennent & veu'ent
ébranler : il faut s'encourager & s'évertuer
de nouveau à discourir spirituellement sur
le sujet proposé pour la Méditation : Il peut
encore arriver qui durant l'Oraison, on se
souviendra de quelque affaire que l'on de-
voit executer à l'heure qu'on a choisi pour
méditer. Il n'est pas raisonnable pour un
négoce ou une affaire temporelle de quitter Dieu, avec lequel on traite en méditant, tout au rebours il faut que toutes choses temporelles cedent, & donne lieu à un
exercice si relevé & si saint, comme

S v

est la méditation.

La troisiéme difficulté est, quant on re-connoît que l'on n'emporte aucun fruit de cét exercice, qui fait que plusieurs s'en lassens, & le quittent comme inutile & de nul profit. Cette difficulté se doit plûtost nommer tentation qu'autrement, aussi en est ce une fort mauvaise, & qui s'entretient & se renforce d'autant plus qu'on se persuade n'avoir rien avancé en meditant. L'ennemy tentateur ébloüit par ce moyen l'entendement, & étouffe les saintes propositions que Dieu inspire en l'ame. Il se faut souvenir de ce que nous avons déja dit, que le vray bien, & le fruit accomply de la méditation, est de plaire à Dieu, & toûjours nous luy agréons, faisant ce que nous pouvons. Et pour un souverain remede, pour contrepointer cette attaque de l'ennemy, & en triompher, il faut premierement fuyr & chasser le peché, former nos mœurs à la régle de la volonté de Dieu, embrasser les vertus, se faire instruire, par quelque dévot personnage, en l'art de la vie spirituelle, & faire ce qui est en nous. Sans aucun doute, ainsi faisant nôtre méditation ne sera sans fruit.

La quatriéme difficulté, vient de ce

que l'on n'obtient pas de Dieu ce qu'on demande en l'Oraison. Cecy est une autre
hapelourde & invertion de l'ennemy, Dieu
qui ne s'oblige qu'a ce qui luy plaist:& tout
ce qui luy plaist est saint & divin & pour
nôtre bien. Par sa divine sagesse il nous dé-
part ce que nous recevons de luy : & par la
mêmesagesse il nousdénie ceque nous n'ob-
tenons. C'est une effronterie impudente, &
une impudence effrontée de juger de la vô-
lonté de Dieu, & des effets de sa sagesse par
nos appetits. Il ne faut pas , en un mot,
s'imaginer que nous obtenions rien deDieu
que ce qui luy plaira : Il luy plaist que nous
employons quelque temps à méditer ou à
faire Oraison : C'est un fruit , voire un tresor inestimable , de faire quelque chose qui
luy plaise.

La cinquiéme difficulté est quand on
s'ennuye en méditant, & que de là on trouve la méditation fâcheuse& ennuyeuse : cecy est aussi une des finesses du démon. Et le
moyen le plus certain qu'il employe pour
nous dégoûter de ce grand bien de la
Méditation , & de nous rendre lâches
à servir la Majesté de nôtre Dieu. Que
si nos ames sont éprises d'un vray dé-
sir de faire quelque chose agréable à nôtre Créateur, qui eu tant de peine , &

tant sué pour nous ; qui étant en ce monde passoit les nuits toutes entieres en priant pour nous, ne s'ennuye jamais que pour nous voir ennuyez ; en verité une heure d'Oraison ne nous sera pas longue, & la Méditation ne nous sera pas ennuyeuse : nous tiendrons le tems bien employé que nous aurons passé en essayant de parler à luy, & en toute humilité de discours des choses desquelles il fait & estime.

Ces cinq difficultez sont les plus communes & ordinaires, qui travaillent les ames qui veulent faire Oraison. Il s'en trouve plusieurs autres mais quand on aura apris à surmonter celles-cy ; facilement avec l'aide de Dieu, on le dépêchera des autres.

***

COMME IL FAVT MEDITER les effusions du Sang de nôtre Seigneur, & autres Mysteres de sa Passion.

CHAP. II.

Nous n'entreprenons cette petite instruction, que pour ceux qui com-

mencent l'art de médire ; & parce que de
tous les sujets qu'on sçauroit rencontrer,
il n'y en a pas un où l'ame puisse plus facilement, & fructueusement s'arréter que sur
les Effusions du sang de nôtre bon Dieu,
satisfaisant à la justice divine pour nos offences, nous desirions apprendre comment
il s'en faut aider.

Il faut en premier lieu présuposer une
chose tres veritable, que l'ame laquelle en
l'Oraison Mentale, se contente de penser
seulement aux Mysteres de la Passion, discourant mentalement sur les cinq playes,
ou autres articles de la mort & Passion de
nôtre Seigneur, ne remporte pas un fruit
accompli, encore qu'elle sente en son inte-
rieur quelque grande consolation : car cela
est tout de même que si quelque famelique
voyoit sur une table un grand nombre de
viandes bien assaisonnées, & que l'odeur luy
chatoüillant l'odorat, sans toutefois qu'il
n'en mit aucun morceau, en son estomach.

Le but & la fin de Méditation est de
régler la vie réformer les mœurs, & acquerir les vertus, à quoy on ne parvient par
quelque action de l'entendement, de
quelque rare sujet que ce soit, s'il n'y a
autre chose. Il faut donc necessairement
mettre en œuvre & en pratique, ce que

l'on a religieusement compris & découvert
par le moyen de la consideration intel-
lectuelle, & faire que la volonté se charge
de toutes ces belles connoissances, pour les
executer. C'est sans doute ce que Dieu en-
seigna à Moyse en ces deux petits mots,
Inspice, *& fac*, c'est adire, *Contemple &*
faits, & nôtre Seigneur representé, és
Cantiques sous les qualitez d'un amoureux
il le dit aussi à sa bien aimée, *Pons me ut*
signaculum super cor tuum, *Mets moy comme*
un signal sur ton cœur Voila un Commande-
ment de méditer. *Et ut signaculum super bra-*
chium tuum: *Et comme un signal sur ton bras.*
Qui ne sçait que le bras encét endroit signifie action ou operation tellement qu'en ce
verset, qu'en cette periode du devis amoureux de Iesus avec nos amés, l'Ecriture
montre, que c'est peu de chose que de méditer, & d'employer son entendement à la Méditation, si la volonté n'en devient plus parfaite & si l'on ne met pratique ce que l'on
aprend en la Meditation: Faire autrement,
est ressembler àcelui qui auroit jetté lesfon-
demens profonds d'un bel édifice, qui ne
se soucieroit d'élever les murailles, & de le
couvrir. Quel gain & quel profit en rapor-
teroit-il ; aussi quelle utilité esperoit on
des élevement de l'entendement en Dieu,

ſi la volonté demeure toûjours és tenebres &
obſcuritez de la faineante pareſſe ?

Les Doctes qui traittent de cette matiere diſent, que la volonté peut être émûë de
ſept affections en faiſant Oraiſon ſur les
playes, & ſur la Paſſion de nôtre Seigneur
Jeſus-Chriſt.

La premiere affection s'appelle compaſſion, qui ſignifie reſſentir quelque douleur
avec celuy qui ſouffre quelque angoiſſe, qui
eſt, ou qui ſe fait, quand d'ame & de volonté on attire en ſoy l'ennuy & la douleur
de celuy qui endure: & cela eſt proprement
prendre ſa part des ſouffrances du ſouffrant.
Cette affection de compaſſion plaiſt beaucoup à celuy qui endure, & en quelque maniere diminuë ſa douleur, & la luy rend
plus douce, ainſi qu'au contraire, la douleur eſt plus picquante à un pauvre affligé,
quand il apperçoit que les aſſiſtans ſe rient
& ſe mocquent de ſes ennuis.

L'ame qui en méditant s'afflige & a un
reſſentiment cuiſant des douleurs de nôtre
Seigneur, fait choſe agréable à ſa Majeſté,
& ne ſera ſans récompenſe, ainſi que l'A-
pôtre écrivant aux Romains 8. dit, qu'il faut
que nous compatiſſions à Jeſus-Chriſt, ſi
nous voulons être glorifiez avec luy.

Pour avoir cette compaſſion, c'eſt à

dire, pour que nô re volonté soit émûë de
cette premiere affection en méditant sur la
Passion : il se faut aider de deux choses, La
premiere, mediter profondement qui en
celuy qui endure, Jesus-Christ Dieu homme, Créature & Créateur. La seconde,
considerez la grandeur des tourmens, &
l'excez des douleurs, qui souffre & endure pour nous.

La seconde affection est appellée Compunction: qui signifie douleur sensible & pe-
netrante de nos pechez. Cette affection se
formes en nos ames en considerant que le
Fils de Dieu a souffert tout ce que l'Ecriture
& l'Eglise nous en apprend, à cause de nos
pechez : & particulierement il faut méditer qu'il a enduré ce tourment que l'on a
pris pour le sujet de la Méditation, comme
seroit le souettement ; ou le couronnement
d'Epines, ou autre Mystere, afin de nous
delivrer des peines d'Enfer.

Pour avoir cette belle affection, pour que
l'ame soit émûë compunction, se repen-
tant de ses pechez, il faut mediter combien est grande nôtre misere, combien nôtre malice est horrible, puis qu'il a fallu
pour l'effacer que le propre Fils de Dieu ait
enduré la mort.

La troisiéme affection, s'appelle action

de grace, c'eſt à dire remercier Dieu en
conſiderant tant de faveurs tant de graces
qui pleuvent ſur nous par les merites de la
Paſſion de nôtre Seigneur, laquelle action
de graces ne doit être ſeulement de paroles:
mais ſuit tout d'œuvre & deffet.

L'ame ſera infiniment aidée pour cette
affection quand elle meditera que nôtre
Seigneur a enduré pour nous delivrer du
peché ſource de tous maux, & qu'il nous à
donné ſa grace qui eſt la fontaine de tout
nôtre bien. Certes c'eſt une conſideration,
qui ravit tout eſprit en admiration que
Dieu ait tant aimé l'homme, ſi baſſe & ſi
ſale créature, qu'il a voulu mourir pour luy!
O quelle ingratitude de ny penſer jamais.

La quatriéme affection conſiſte en un mouvement d'eſperance en la bonté de Dieu,
pour nous donner la gloire éternelle, parce que nôtre ſalut a été le but de la mort &
Paſſion de Jeſus-Chriſt.

Pour joüir, ou pour être capable de la
joüiſſance de la beatitude éternélle? une
grande & entiere netteté eſt requiſe, & Dieu
nous donne le ſang de ſon Fils: ſang innocent, pur & net qui eſt ſorty des playes,
pour blanchir & laver les ſaletez de nos
ames. Et pour ce qu'il nous faut rendre un
compte tres étroit de toutes nos actions,

qui doit épouventer les plus assurez, sa divine bonté nous offre pour supplément, voire
pour satisfaction les merites de sa Passion,
qui sont d'un prix & d'une valeur infinie.
Et durant le temps de nôtre pelerinage,
que nous pouvons satisfaire avec les merites de Iesus-Christ, celuy qui sera nôtre
Iuge, par devant lequel il faut répondre,
est nôtre Advocat & Intercesseur, si soi-
gneux de nôtre bien, qu'il a répandu son
propre sang, & offert sa mort pour
nous donner la vie. Si nôtre foiblesse
nous épouvente, s'il nous souvient que
nôtre pouvoir est si court, que nous ne
pouvons rien en tout, la Passion du Fils
de Dieu doit animer nostre courage, parce
que le Fils de Dieu qui est tout Puissant,
a été fait nôtre propre foiblesse, pour la
convertir en une force vigoureuse. De ces
considerations & semblables, nostre volonté concevra une forte affection d'espoir
en Dieu pour parvenir à la gloire éternelle.

La cinquiéme affection s'appelle étonnement ou admiration, qui entre en l'ame d'une
vive aprehension des maux & douleurs que
Iesus Christ a endurées pour nous. Cette
admiration ou étonnement penetre quelque fois l'ame si avant, que l'homme sort

quaſi de ſoy même en méditant, & s'écrie,
Qui l'auroit, que le Seigneur de gloire, que le Créateur du monde, qui n'a aucune neceſſité, qui ne peut avoir beſoin de
nous, eût voulu endurer ces tourmens ſi ex-
ceſſifs pour nous qui l'avons offencé : En
cette exclamation ou ſemblable, la volonté
eſt épriſe d'un étonnement, de ſi fervente
charité, qu'elle en devient toute embraſée.
Et faiſant une douce réfléxion en ſoymême,
elle s'étonne de ſon peu de courage, de ſi
peu de deſir qu'elle a de bien faire pour l'a-
mour de celuy qui a tant fait pour elle.

La ſixiéme affection, eſt l'amour de Dieu
qui entre en la volonté par la conſideration
de chaque Myſtere de la Paſſion ; en
méditant l'on trouve toûjours une vraye dé-
monſtration de l'amour infiny de Dieu.
Qui ne viendra amoureux de celuy qui
pour nous enrichir, à voulu être le plus
pauvre du monde, qui pour nous donner la
vie, a voulu mourir; & ſi le plus grand témoignage d'amour eſt mourir pour ſes amis
que dira on de celuy-qui veut mourir, qui
eſt mort en effet pour ſes ennemis ; Cette
ſeule conſideration eſt ſuffiſante d'amolir
les plus durs cœurs du monde, d'embraſer
en l'amour de Dieu, la plus froide volonté
qui ſoit.

La Septieme & derniere affection, est l'i-
mitation, qui est formée en l'ame quand
l'entendement méditant les émerveillables
vertus, qui ont éclaté en nôtre Seigneur,
durant la tragedie de la Passion, la volonté
propose de se conformer à luy autant qu'elle pourra. Il est bien vray, qu'en toute
vraye méditation la personne doit être
portée du desir d'acquerir la perfection
Chrétienne, de laquelle Jesus-Christ est le
vray maître & docteur : & que celuy sera
plus parfait, qui plus sera semblable,
& qui plus en suivra ses vertus. Or
Jesus-Christ à fait paroîtres ses rares vertus en sa Passion plus qu'en toute autre
heure de sa vie. Et voicy en abregé les
vertus ? lesquelles nous ont paru en
sa Passion, pour que nous tâchions de les
acquerir.

La premiere vertú est l'umilité, qui
fut tres-profonde au jour de sa mort : car
étant Roy de gloire, & toûjours triomphant il ne s'est soucié. Il a bien voulu être
mocqué, injurié, & qu'on le prisât moins
que le meurtrier, Barrabas, & mourir entre deux larrons, comme larron.

La seconde vertu est la charité, qui fut
en luy excessive, & en souverain degré,
puis qu'il voulut souffrir & mourir en

ceux qui malicieusement luy procurent la mort. Bref, la charité fut telle en Iesus-Christ, qu'il ne reconnût aucun pour ennemy, parmy tant d'ennemis.

La troisiéme vertu est l'obedience, vertu qui l'acompagna depuis l'heure de sa Conception, jusque sur le theatre de la Croix où veritablement elle parut tres-prompte à affectionnée. Où on pourra mediter, qu'il n'etoit pas seulement obeïssant à son Pere ; mais aussi aux bourreaux qui le tourmentoient. Car s'ils vouloient qu'il fut assis, il l'étoit, s'ils vouloient qu'il fut debout, il se levoit, s'ils vouloient qu'il fut nud, il se devétoit il baissoit la tête, il étendoit les bras, il se tournoit & viroit à la volonté des bourreaux. O rare exemple d'obedience.

La quatriéme vertu est la patience, qui fut si grande, qu'encore que les tourmens qu'il enduroit fussent tres-grands & tres-cruels, il les suportoit si patiemment pour l'amour de nous, que l'on eût jugé à le voir qu'il n'enduroit rien. Ce n'étoit pas qu'il fut insensible, non au contraire, il étoit d'une complexion, delicate, qu'il étoit plus sensible que le plus mignard de tous les hommes : neanmoins le desir qu'il avoit de satisfaire pour nous luy faisoit pratiquer

la vertu de patience en telle perfection,
qu'elle ne fut jamais si éclatante que durant sa Mort & Passion.

La cinquiéme vertu est la debonnaireté
ou mansuétude, que chacun remarqua en
luy comme tres singuliere & tres-propre à sa
personne : car au milieu de tant d'outrages
parmy tant de travaux qu'il enduroit inno-
cemment, il ne cria jamais, jamais il ne se
plaignit qu'on luy fit tort ny injure.

La sixiéme est la liberalité, car il montra
en sa mort, en sa Passion qu'il n'avoit rien
si cher que notre salut, & qu'il nous aimoit
si cordialement, que tout ce qui étoit sien
étoit notre. Il donna pour nous en la Passion
ses vétemens, son honneur, son corps, son
sang, sa vie, & son ame.

La septiéme vertu est le mépris du monde. Cela est tres clair à qui medite sur la
Passion que nôtre Seigneur rechercha ce
que le monde rebute : embrassa ce que le
monde à en horreur, fit cas de ce que le
monde fuit, comme les risées, les mocqueries, les injures & les tourmens. Et il reiett
& méprisa ce, dequoy le monde fait grand
cas comme sont les honneurs, & les biens
d'icy bas.

La huitiéme vertu à imiter, est la perseverance qui triompha infiniment de l

ſetardiſe & tépiditté en la Paſſion : car n ô-
tre Seigneur endura ſans intervalle depu is
qu'il fut étendu ſur le bois de la Croix. Il
eſt mort, dis-je, en ſon corps deja tout dé-
froiſſé, juſque au dernier ſoûpir de
& pour montrer le los de cette vertu, & combien il la priſoit, il voulut que
ſon côté luy fut ouvert, & y être navré
aprés ſon decez.

Que l'on remarque bien ſoigneuſement
durant la meditation de ces mouvemens &
affections où l'affection ſera ébranlée, afin
de s'y arréter, car c'eſt par ce moyen que
le, S. Eſprit s'en veut ſaiſir pour y faire
ſejour. Et tout le reſte de la journée il faudra s'évertuer & s'employer à l'exercice de
la vertu, ſur laquelle on a fait la méditation: d'où il viendra un grand bien: car l'habitude s'engendre des actions reïterées
pluſieurs fois.

DV PROFIT QVE L'AME

reçoit de Méditer sur les Effusions du Sang de nôtre Seigneur Iesus-Christ.

CHAP. III.

LEs Peres, comme S. Basile, S. Ierôme, & S. Gerosme, & S. Gregoire, tiennent pour maxime, que la Méditation est la plus haute action & le plus revelé exercice de la vie Chrétienne. Ce qu'à approuvé nôtre Seigneur assurant que la Madelaine convertie avoit de toutes les belles vertus trié & choisi la plus agreable & la meilleure. Et S. Bonavanture encherissant apres ces Peres sur le sos de la Meditation dit que c'est elle qui seule peut conduire l'ame au dernier degré de l'échelle de perfection, & qu'en toute la force des sujets propres à émouvoir la volonté, pour se conformer à Jesus-Christ, embrasser vivement la vertu, la Passion & les cinq Playes de nôtre Seigneur sont les plus propres, & qui plus aisément conduisent au port desiré

fité. Et de fait, il ne peut avoir aucun fujet qui amoure & enflamé l'ame Chrétienne plus vivement que la Méditation des ennuis & des travaux que le Fils de Dieu a endurez pour nous. Et les vertus n'ont jamais triomphé folemnellement de leurs contraire, que quand Jefus-Chrift s'abandonna à la mercy des bourreaux, qui le firent mourir. Eft-il poffible de recontrer une humilité plus profonde, une plus ardante charité une obeïffance plus prompte & plus accomplie une patience plus conftante, une liberalité plus magnifique, une perfeverance plus étenduë, qu'en la mort, & en la Paffion du Fils de Dieu?

Or ce vertus-là, & femblables, étans fouvent confiderées & méditées avec pieufe & religieufe affection, comme elles ont été partiquées par nôtre Seigneur produifant en nous trois émerveillables effets.

Le premier effet, eft, que l'ame qui médite devient paffionnée de ces vertus, & demeure en la volonté un defir de les acquerir & de s'en enrichir.

Le fecond effet, l'ame demeure fortifiée armée pour fe défendre contre les vanitez & tromperies du monde deguifé: car qui confiderera que le Fils de Dieu, tout Grand tout Puiffant, tout plein de gloire, a été

T

le plus humble, le plus pauvre, le plus
patient, & le plus obeïssant de toutes créatures, ne se voudra il pas enrichir & meu-
bler de ses même vertus contre les vanitez
& pour plaire à Dieu : Sur ces entrefaites,
l'ame se presente, que le monde est su-
perbe & arrogant, qu'il fait le cœur aux
honneurs & richesses, qui est masqué &
déguisé, vain & trompeur, que Jesus-Christ
Fils de Dieu, sagesse incrée, qui ne peut
être trompé, a méprisé & s'est éloigné de
tout cela.

Le troisiéme effet est, que ces vertus consi-
derées rendent l'ame affectionnée à nôtre
Seigneur : car la vertu, a cela de propre qu'elle rend celuy qui en est enrichy agréable&
aimable jusqu'aux ennemis, comme l'on dit
vulgairement : Celuy qui aime ardamment
Jesus-Christ, aime tout ce qui est en luy,
& méprise tout ce qui ne se trouve en luy.
L'experience montre que cela est vray.

A ce propos le devot S. Bernard faisant un
discours rendant afin de donner envie aux
ames Chrétiennes de Méditer sur les vertus
de nôtre Seigneur dit que c'est en vain que
l'homme met peine d'être vertueux s'il pense se pouvoir être autrement qu'en prenant
exemple, & mettant les yeux sur Jesus-
Christ, qui est le vray arcenal & magasin de

toutes les vertus. Ainsi que tous les Peres enseignent que la vertu n'est pas vertu sans Iesus-Christ, & qu'elle dérive de luy en l'ame.

Or pour Méditer les vertus de Jesus-Christ, deux choses sont necessaires, lesquelles Dieu expliqua à Moyse, quand il luy dit : *Inspice & fac secundum exemplar quod tibi in monte monstruatum est.* Regarde & fait conformement à l'exemple que tu as vû en la montagne. Paroles que le S. Esprit dit tous les jours à tout ame fidelle Jesus-Christ élevé au coupeau de la montagne de Calvaire est cét exemplaire, que nous devons avoir incessamment devant les yeux, méditant & ruminant en nôtre entendement les rares vertus qu'il y pratiqua en si grande perfection. Et ce n'est pas assez de les méditer, il les faut mettre en pratique, & nous conformer à luy avant qu'il nous sera possible, nous souvenant de ce qu'il dit, ayant donné congé à la Loy ancienne, & accomply les articles de la commission que Dieu son Pere luy avoit donnée, excepté le dernier qui étoit la mort & Passion à laquelle il se disposoit. *Exemplum,* dit-il, *dedit vobis & ut quem admodum ego feci, ita & vos faceatis :* Ie vous ay donné exemple afin que vous fassiez comme j'ay fait.

Vne autre utilité bien grande de l'Oraifon mentale eſt qu'elle allume en l'ame le braſier de la mour de Dieu, & y plante un vif deſir des choſes celeſtes, ainſi que l'enſeigne S. Auguſtin ſur le trente-huitiéme Pſeaume, expliquant ces paroles *In Meditatione mea exardeſcet ignis* : Le feu s'embraſera en ma méditation: entendant par le feu, l'amour Divin.

Il eſt bien aiſé de prouver que la dévotion s'enflâme, & que l'homme devient amoureux de Dieu qui pratique l'Oraiſon mentale. Ceux qui en font métier, ſçavent bien combien ils different d'avec eux même, depuis le temps qu'ils ſe ſont adonnez à l'Oraiſon, au regard deſquels ils étoient auparavant. Il y a mille débauchez, mille perdus qui ont l'ame bien née, qui ont été ſaintement nourris, qui ſeroient tres vertueux s'ils s'adonnoient à la Méditation. Ie tiens pour certain, que tout Chrétien pour lâche & indevot qu'il ſoit, ayant purgé & ballié ſa conſcience par les moyens ordinaires, il Médite combien Dieu a fait pour l'exempter de la mort éternelle, & pour le tirer de l'Enfer, qu'il deviendra fervent & dévotieux.

Il n'y à cœur ſi dur qui ne mollice, ame ſi froide qui ne s'echauffe en meditant combien Dieu nous a aimez ſans avoir affaire

de nous. Voila une chose bien douce à la pensée de considerer que le Fils de Dieu à voulu mourir pour nous, & est mort d'une mort
tres honteuse, accompagnée d'un monde de
travaux insuportables à tout autre. C'est une
consideration qui pointe bien plus sensiblement, & à bien plus de force pour retrancher
& déraciner tout endurcissement, & toute in-
dévotion, que nul autre qui ne le croira: ne
peut rien croire de spirituel, & n'a aucun
trait en l'ame de vraye pitié & religion.

Cela est vray, que la Méditation déraci-
ne les vices, & plante les vertus, que le démon remuë, bouleverse tout pour empêcher l'exercice de la Méditation. C'est
comme nous avons dit, de son invention, que
mediter & contempler est choses tres difficile. Il persuade cela de tout ce qui connoit
qui nous est necessaire à salut. Exemple soit
la Confession, sans laquelle n l pecheur n
va en Paradis, ayant le moyen d'en avoir
l'usage. Ce mal'heureux démon la dépeint
si difficile, si honteuse, que la plûpart ne
s'en veulent aider, où en abusent. Certes
ceux qui se laissent tromper par luy, se trom-
pent eux mémes faute de jugement : s'ils
avoient éprouvé ce que c'est qu'Oraison
Mentale, s'il avoient pratiqué quelque
temps la Confession, il reconnoitroient

que c'est la médecine, l'entretien, & la vie
de l'ame.

EXEMPLE DE QVELQVE

personnes privilegiées de quelques
graces particulieres, pour s'étre
adonnez à la Méditation des Effusions du sang de nôtre Seigneur.

CHAP. IV.

ENCORES qu'il soit clair comme
le jour, que c'est chose agréable
à Dieu, de Méditer sur les grands
Benefices que nous avons reçûs de luy,
si est il bon de dire & redire souvent aux
ames, qui commencent l'exercice de la
vie spirituelle, qu'il n'y a Oraison ou Méditation, qui luy plaise davantage, que
celle qui se fait sur ces Sacrées Effusions
& sur son sang répandu en sa vie. Sa
Divine Bonté en a rendu tant de témoi-
gnages, que tous les écrivains adonnez à
la contemplation, en entretiennent tous

ceux qui defirent fçavoir, & rendent cette raifon pourquoy la méditation fur ce fujet eft plus agréable parce, difent-ils, que
comme celuy qui a triomphé de fon ennemy prendra plaifir que l'on raconte fes
proffes magnanimitez, ainfi nôtre Sauveur à tres agréable que nous nous entrete-
nionsfur les vertus qu'il a montrées en fa
Paffion, triomphant de l'ennemy commun
pour nous. Or il n'y a rien plus chatoüilleux
& qui contente plus une ame que vaincre &
triompher de fon ennemy : le Fils de Dieu
fait plus de cas d'avoir combattu & triomphé pour nous; que d'avoir crée le monde &
que d'aucun autre œuvre qu'il ait exploité
en nôtre faveur. Difons outre cela, que l'a-
me dévote ne fe fond jamais tant en dévotion pour quelque fujet de Méditation que
ce foit, que pour le fouvenir des douleurs
& fouffrances de nôtre Seigneur.

Saint Bernard dit de foy même, que quand
il quitta les vanitez mondaines, pour fe re-
tirer à la vie Religieufe, il fe fit comme un
fagot, & amas des mifteres de la Paffion,
qu'il tenoit embraffé tres cherement, comme
chofe qui luy donnoit tout plaifir & contentement, difant & redifant ce verfet des
Cantiques. *Falciculus myrrha dilectus meus
mihi inter ubera mea commorabitur.* Il eft

ainſi (pour expliquer ce que dit ſaint Bernard) que ſi tôt que le ſaint Eſprit luy eut frapé le cœur, le retirant des delices du monde il ſa donna à la Méditation & choiſit pour un ſujet les myſteres de la Paſſion de nôtre Seigneur, par le moyen dequoy il parvint à cette grande perfection, à laquelle Dieu l'a conduit. Dequoy ſe reſſouvenant ſans ceſſe il exhortoit ſes Religieux de ſe muſſer & enfermer en Ieſus-Chriſt, pour éviter les dangers de nos ennemis; & qu'ils entraſſent par les portes de ſon corps, qui ſont les playes de ſes pieds, de ſes mains, & de ſon côté. Dieu a montré tres-particulierement que cét exercice luy plaiſoit entre tous autres, comme les exemples ſuivant le montrent.

Le même ſaint Bernard, dit que de ſon tems vivoit une bonne Religieuſe, qui avoit ſes plus ordinaires penſées en la Paſſion de nôtre Seigneur, méditent ordinairement ſur ſes ſacrées playes, & s'accoûtuma fort long-temps de faire le ſigne de la Croix avec un de ſes doigts ſur ſon cœur, en ſouvenance & reverence de la Paſſion. Dieu montra que cela luy étoit fort agréable: car long-temps aprés ſon decez on ouvrit ſa ſepulture, on trouva ſon corps tout conſommé, excepté ce doigt avec lequel elle faisoit la Croix en memoire des cinq playes, qui fut trouvé tout entier & tout frais.

En la ville de Strasbourg en Allemagne, il y a eu un Religieux de l'Ordre de Saint Dominique fort dévotieux, qui méditoit bien souvent sur les cinq playes du corps de nôtre Seigneur. Comme il fut mort, pour quelque occasion on luy ouvrit la poitrine, dans la quelle on trouva une Croix assez grande & massive, au haut & aux deux bouts de bras en la quelle y avoit gravée trois belle fleurs de lys qui denotoient la pureté du Religieux, marquoient les sujets particuliers de ses méditations. Vn nombre innombrable de personnes accoururent au bruit qui couroit de cette merveille, & étoient toutes ravies de voir cette Croix divinement bien faites, & entr'autre un homme doctes s'y trouva qui en a laissé le témoignage par écrit. En la Duché d'Ombrie, assez proche de Spolette, il y a une fort petite ville nommée vulgairement Monte falque, au milieu de laquelle y a un Monasteres de Filles Religieuses jadis habité des filles du tiers-Ordre de S. François : maintenant d'autres qui font profession de la régle de Saint Augustin. On void sur le grand Autel le corps tout entier d'une sainte Religieuse nommée aujourd'huy

T v

la bien-heureuse Claire, il y a plus de sept vingts ans quelle est décedée. En son vivant elle cultivoit fort l'exercice de l'Oraison mentale, & méditoit sur les playes de sa Passion de nôtre Seigneur, & étoit fort dévote à la tres sainte Trinité. A cause de sa sainteté de vie, aprés son trépas on la garda long-temps sans l'ensepulturer. Ce saint corps paroissoit toûjours beau & vermeil. Par la volonté de Dieu on s'avisa, de l'ouvrir, on y trouva ces merveilles icy. Premierement, un crucifix tres bien gravé & representé en sa Croix, puis comme une poignée de foüets attachez à un manche: en outre on y trouva trois petites boules rondes de la grosseur d'une noix de muscade chacune. Plusieurs admirans cette rareté opinerent diversement que pouvoient signifier ces trois boulettes. Quelque uns Iugerent ce que nous avons dit, representent les Mysteres de la Passion, qu'elles pouvoient signifier les trois dez qui furent jettez par les soldats sur les vétemens de nôtre Seigneur. Cela pourroit être, Ce qui s'ensuit, & ce que l'on voit donne une autre conception. Parce qu'elles sont massives, & qu'elles pesent beaucoup pour leur grosseur, on s'avisa de les peser. Voicy cette chose merveilleu-

se. Vne seule pese autant comme deux o i
toutes trois, & trois ne pensent pas plus
qu'une seule ou deux. Ce qui est cause, que
l'on pense, & que l'on croit que comme le
crucifix & les disciples marquent la dévotion qu'elle avoit à la sainte Passion : ainsi
ces trois petites boules par égales pesans
teurs admirables, marquent la grande dévotion & la vive foy, qu'elle avoit de la tres-
sainte Trinité, une tres simple essence,
en laquelle il y a trois divines personnes di-
stinctes réellement, & également partici-
pante de cette tres unique & tres simple
essence. L'an mil six cens trois que nous y
étions au mois de Juin, une des boulettes
nous fut montrée, coupée par le milieu,
comme elle est. Ce que l'on avoit fait pour
reconnoître ce qui pouvoit être dedans, &
les deux autres demeurent en leur entier.
Il y a encores une phiole de cristal, pleine
du sang de la sainte, que l'on dit boüillir,
& se mouvoir si l'Eglise est menacée de
quelque affliction. Ces choses se montrent
tous les jours, à qui les veut voir. Et ne faut
douter que ce ne soit un fait qui témoigne
que méditer sur les playes & sur la Passion de nôtre Seigneur, luy est chose fort
agréable.

On pourroit mettre icy en rang plu-

vilege & la faveur que Dieu a fait au Pere Saint François, si émerveillable que tout le monde en est ravy, & prouvé par tant de miracles que les ennemis de la Religion & de la verité s'en étonnent & ne peuvent comprendre ce que c'est que cela. Ainsi que son ame par une longue habitude de Méditer étoit transformée en l'amour de Jesus Crucifié, sa divine bonté voulut graver en son corps visiblement & sensiblement les playes principales, qui demeurent & demeurent encores dans le Ciel en ses sacrées mains en ses sacrez pieds, & en son saint côté.   Non seulement il y avoit aux pieds & aux mains de saint François, des troux & ouvertures profondes, mais aussi miraculeusement Dieu y forma comme des cloux passans de part en part, & repliez dessus les mains & dessous les pieds: d'où souvent il ruisselloit grande quantité de sang, comme semblablement il en sortit quantité d'une grande ouverture, qui demeure en son côté: & il n'eut pas cela pour peu de jours: car cela luy arriva deux-ans au paravant sa mort, ce qui l'empêchoit de pouvoir cheminer & de rien faire de ses mains: & faisoit souvent laver ses habits tachez & rougis de sang: Tous ceux qui le virent mort, virent ces saintes Marques, & plusieurs toucherent ses cloux de chair miraculeusement fais en sa chair. Il faudroit un gros volume pour remporter les miracles qui se firent lors, & qui se sont faits depuis, pour preuve que c'étoit un fait divin. Ce corps saint & benit : qui demeure encore en son entier, retient jusques à maintenant ces marques-là, & ne fait point de doute que Dieu les conservera jusques au Jugement, & croy ceux qui tiennent que les Prophêtes Helie & Enoc avant que mourir recevront le Baptême, & se feront de la profession de Saint François, puis que l'Apocalipse qui les appelle témoins de Dieu, dit qu'ils seront vétus de bureau & de sacs, & je me vay imaginer que ce Saint tant adonné à la Méditation de la Passion, que Dieu entre tous les hommes, par ce privilege, l'a déclaré son special porte enseigne de l'Evangile, se trouvera avec Helie & Enoch pour confondre l'Antechrist. Tous les Catholiques sçavent aussi, comme Dieu témoigna à sainte Catherine de Sienne, combien luy plaisoit la Méditation faite sur ses saintes playes, & sur les Mysteres de la Passion. L'histoire en est vulgaire. Il faut en dire encore une qui ne soit pas si triviale.

Laurent Sutius docte Religieux Char-

treux écrit d'un Comte d'Arian, en racon-
tant sa vie, que jamais il ne s'émût, n'y ne
se troubla pour quelque disgrace, pour
quelque adversité, ou pour quelque tribula-
tion qui luy arrivat. Tout ses amis & tous
ceux de sa suitte s'étonnoient fort de cela,
& ne parloient d'autre chose ; quelques uns
de ses plus familiers prirent la hardiesse une
fois de luy demander comment il se tenoit si
constant au milieu de tant d'agitations ou se
trouvent les hommes en ce monde, & principalement les grands. Il leur répondit, que
quand il aperçevoit quelque bourrasque,
on découvroit quelque tempête, il se retiroit és playes de nôtre Seigneur ; & que celuy étoit un port si assuré, qu'il n'y avoit traverse n'y affliction qui le pût ébranler. Il
vouloit dire, que toutes les fois qu'il luy
arrivoit quelque accident, il se retiroit en
son cabinet, où il méditoit sur la Passion de
nôtre Seigneur.

S. Bernard parlant de la constance des Martyrs, qu'il juge tres admirable, tient qu'ils
étoient fermes & résolus comme on les a
vûs, parce que leur ames étoient mussées
& enfermées dans les playes de Jesus-Christ
cependant que les bourreaux tourmentoient, & supplicioient leurs corps ; & de
fait beaucoup de saints Martyrs rioient &

se consoloient au milieu des tourmens qui faisoient peur & horreur à ceux qui les regardoient, & qui avoient leurs pensées en ces tourmens, & les Martyrs méditoient à la passion, où dit ce S. Docteur) *ils suçoient le miel de la pierre, & l'huile du rocher tres dur.*

Alphonse premier Roy de Portugal, vouloit que tous ses sujets fussent dévotieux aux sacrées playes de Jesus-Christ, & ordonna que les Pasteurs & Prédicateurs conviassent le Peuple à cela. L'occasion qui le mût à cette devotion fut, qu'au commencement de son régne il luy fallut combattre & donner batailles contre les Mores & Mahometans. Comme il eût rangé son armée, & mis en ordre pour affronter, l'ennemy : il voit que ses gens étoient en petit nombre, qu'il avoit affaire à plusieurs Roys, vieux guerriers, & bien assistez, il eût peur : il eût recours, à l'Oraison Jesus Christ luy apparut, qui luy montra les playes qui demeurent en son corps depuis la mort & Passion. Cela l'anima, & luy donna grand courage il combatit ayant le cœur & l'affection en Jesus-Christ Crucifié, & remporta un heureuse victoire. De là est venu qu'és armées de Portugal, il y a la representation des cinq playes de nôtre Seigneur.

Qui n'aura donc envie dés mes-huy de penser souvent en la Passion, & ceux qui voudront mediter, pourront-ils choisir un sujet plus avantageux, que les cinq playes, Nous allons décrire la façon & maniere de ce faire.

MEDITATION SVR LE
*Sang que nôtre Seigneur répandit,
quand il fut Circoncis.*

POINTS A MEDITER.

1. MOn ame , médite comment le
doux JESUS commença à

répandre son sang précieux dés le huitiéme jour aprés la Naissance, comme il voulut qu'on blessât sa tendre & delicate peau enfantive: & comme il commença à faire l'Office de Redempteur : c'est à dire, a souffrir pour l'amour de nous, & donner les Arrests de sa mort & Passion par laquelle il voulut nous affranchir d'une infinité de miseres que nous devions endurer.

2. Considere l'extréme douleur qu'il endure, luy qui étoit si tendre, & d'une nature & complexion si delicate, & que plusieurs autres enfans qui n'étoient si tendres que luy, mouroient jadis de semblables douleurs. L'amour qu'il te porte, fait qu'il fermes les yeux à tout cela, il veut souffrir dés cét âge, & quoy que sans peché, il veut souffrir ce pecheur.

3. Contemple comme cét enfant, entre les bras du Prêtre, où de ce que ce soit, qui luy va couper sa tendre peau, comme il s'expose pour tout bien, & pour l'utilité qu'il sçait qui t'en reviendra : & que le couteau ne luy fait aucune apprehension pour l'amour de toy.

4. Contemple encore, mon ame, comme il fait cas & estime la vertu d'obedience: cette belle vertu paroît singulierement en ce mystere de la Circoncision. La Circoncision

étoit principalement instituée en remede pour le peché auquel il n'a pû être sujet, ce qui le dispensoit entierement de la rigueur de cette loy s'il eut voulu. Il a voulu embrasser l'observance d'icelle, pour te faire aimer l'obedience, qui luy plaît par tout où elle se rencontre.

5. Remarque aussi la profonde humilité du Fils de Dieu, qui se rabaisse au dessous des Anges en prenant la nature humaine, & en se faisant circoncis. Il s'humilie plus bas que les hommes : car il prend la forme, & peut paroître pecheur : en prend toutes couleurs, & toutes les apparences. En quoy il fait moins cas de soy, que de la chose la plus vile qui soit au monde, n'y ayant rien ny en terre ny, en enfer, si vil ny si abjet que le peché.

6. N'oublie à considerer icy la compassion que l'amoureux Fils de Dieu a de sa chere Mere, qui pleure chaudement de pitié qu'elle a de voir celuy qu'elle aime plus que sa propre vie, être blessé, & répandre son sang, sans avoir aucunement failly. Las qu'elle en est dolente & affligée.

7. Contemple ces gemissemens, ces pleurs si abondans, & souviens toy que Jesus-Christ soûpire & pleure à cause de la douleur qu'il ressent : & plus, parce

qu'il voit nos pechez qui le font endurer,
& qui luy préparent bien plus grand tourmens. Et ce qui redouble ses engoisses, c'est
qu'il prévoit le peu de profit que nous ti-
rons de cette Effusion de sang par nôtre fai-
neantise & lâcheté,

Premier Colloque.

G Rand Dieu petit Enfant, commencéz
vous de si bonne heure à donner vôtre
Sang ; êtes vous si liberal ; êtes vous si im-
patient d'amour que vous ne puissiez atten-
dre que'ques années; vous en auriez en plus
grande abondance, vous auriez aussi plus de
force pour endurer les douleurs que vous
fait endurer ce coûteau aceré Ha ! que l'a-
mour que vous nous portez est excessif, il
vous empêche de connoître ces douleurs : &
vous rend obeïssant à une loy à qui vous ne
pouviez ; être obligé. Bien autre êtes-vous
qu'Adam Seigneur, qui pour ne déplaire à sa
compagne vous desobeïr. Hé ! comme cét
amour va croissant en vous. Il y a huit jours,
que posé pour reposer en un chréche , vous
répandites des larmes , aujourd'huy vous
répandez vôtre sang & vous déliberez d'en-
répandre bien autrement en un jardin,
puis attaché à une colomne, puis en une sal-

le puis au Calvaire. Que la delivrance de la nature humaine vous coûta cher. Et vous Vierge Mere , comme portez vous cét enfant innocent pour être Circoncis : Craignez vous que la loy qui dit que l'ame de celuy qui ne fera circoncis perira du peuple. Vous sçavez bien qu'elle ne la garde qu'il n'y est obligé que le Pere Eternel le tient pour son Fils bien aimé, Mon Dieu pourquoy vous assujettissez-vous à cette rigoureuses loy; C'est pour nous guerir de nos propres playes. Ie l'entens bien. C'est pour nous qui sommes vos membres , que l'on vous donne cette saignée , l'on fait quelques fois prendre quelques potions ameres à la mere nourrice, pour le bien de l'enfant. Ainsi que vous me voulez assurer, que vous décendez du grand pere Abraham: auquel premierement la Circoncision fut commandée , quand il luy fut promis que vous viendriez pour nôtre salut. Et vous voulez que je sçace que cette loy étoit sainte & religieuse, & que vous ne la voulez ruiner, mais accomplir. Et finalement vous voulez prouver , qu'êtes vray homme & vray Dieu,& que vous êtes vray Sauveur de tout le monde. Ce sont considerations & raisons toute veritables & toutes saintes: Mais tout vous coûte bien cher.

Second Colloque.

NE vois-tu pas mon ame ce petit enfant se plaindre pour la douleur que le coûteau luy fait en la Circoncisant ? Ne vois tu pas comme cette Mere Vierge est toute couverte de pleurs, voyant son bien aimé Jesus blessé pour la faute des autres! Ne vois-tu pas comme le S. Epoux Joseph ému de pitié le sang qui coule le long des cuisses & jambes de cét enfant innocent, & sur les pleurs qui sortent en si grande abondance des yeux de sa mere ; Pleurons aussi mon ame pleurons , nous le devons car tout cela est à nôtre occasion. Ce sont nos offenses qui font ruisseler ce sang, & tomber ces larmes de ceux qui ne sont coupables. Mais d'ailleurs, comment me pourray-je résoudre de pleurer , quand je voy, que l'on impose ce beau nom de Jesus à cét enfant : Il y a bien sujet de s'affliger: quand on parle de condamner un coupable; mais icy on parle de me justifier , de m'absoudre. Le bon Prophête Habacuc solicitoit un chacun de s'éjoüir sur ce sujet, & s'y resoluoit pour son particulier. Quand à moy; (disoit-il) m'éjoüiray au Seigneur, & me consoleray en mon Dieu mon Sauveur. Et

Saint Paul ne nous commande pas de nous contrister au nom de Jesus ; au contraire, il veut que nous nous consolions, & recite, (qu'au Nom de Jesus, tout genoüil se ployeroit soit és Cieux, soit en terre soit és Enfers.) En sorte que je me sens invité de m'éjoüir & d'adorer ce S. Nom. O Saint Pere Iacob ! nous sommes en possession, de ce que je te promettois quand tu te disposois à la mort, tu disois que tu attendrois gayement ton Sauveur: cela te faisoit trouver la mort douce. Et le bon vieillard Simeon, le tenant entre ses bras il demanda la mort. O contentement. ! ô Jesus ! ô mon Sauveur.

Oraison avec la demande.

PEre Eternel, fontaine de tous biens, je vous supplie par les larmes, par le Sang pur & innocent, que vôtre Fils a répandu en sa Circoncision, que vous me donniez la volonté & le courage de retrancher tout de moy toutes superflulitez, tout ce qu'il y a en moy de vain & d'inutile. Vous même, Seigneur, prenez la peine, s'il vous plaît de retrancher de mon cœur, toutes tant de veines pensées, qui y naissent, croissent & multiplie, avec

une infinité de sales importuns desirs. Retranchez aussi tant de paroles vaines, que ma langue profere. Circonsisez en tous mes sens tant de choses qu'il y a, qui ne vous agréent, & qui vous déplaisent. Faites moy la grace aussi par vôtre amour immense, que je sois du tout éloigné de toute sorte d'hypocrisie, & que je me hontoye de confesser clairement tous mes pechez : que sans honte mondaine je mette en pratique le remedes necessaires à mes infirmitez, puis que vôtre Fils bien aimé tres innocent, en ma faveur n'a pas dédaigné d'être reçû & traité de vos Officiers & de tout le monde comme un vray pecheur ; de recevoir en son Saint Corps les remedes dûs au peché, comme entr'autres le Sacrement de la Circoncion : & sur tout, ô Pere de misericorde, faites que vôtre Fils Jesus soit mon Iesus soit mon Sauveur, Amen.
Ainsi soit-il.

MEDITATION SVR LA
Sueur du Sang de nôtre Seigneur au Iardin des Oliues.

POINTS A MEDITER.

1. VOY, ô mon ame, en cette groſ-
te, comme le Roy des Cieux,
le Roy des Anges, des hommes
& de tout l'Vnivers, y eſt à genoux & cour-
bé ſur la terre tout affligé & tout déconfor-
té. Voy ſon divin viſage, comme il ſuë d'ha-

V

han. Voy que la sueur est de grosses goutes de sang, en si grande abondance, qu'elles roulent sur terre.

2. Considere que cette sueur provient pas du seul travail de son corps. Tantôt il s'éjoüissoit & chantoit. C'est son ame qui travaille. Son esprit prenoit les travaux, les cruels tourmens qu'il faut que son corps endure pour nos pechez. Il prenoit le peu de conte que p'usieurs en ferons, comme une infinité de ceux pour l'amour desquels Dieu va livrer son Fils à une mort si cruelle ne se soucieroit de le reconnoître & aimer en reconnoissance d'un benefice si grand. Cela luy donne tant de peine, qu'il en suë le sang.

3. Contemple les gracieux yeux de ton Rédempteur. Ces yeux qui t'ont tant desfois regardé, t'invitant de l'aimer : ces yeux qui si souvent t'ont pleuré, te voyant en miseres conjurant son Pere de t'affranchir, & delivrer de tant de mal'heurs qui te couvrent. Voy comme ils sont si couverts de sang qu'ils ne te peuvent voir. Es tu insensible à ses larmes, qui émouvent tous les Bourgeois du Ciel, & tout l'Univers à compassion ?

4. Médite d'une pieuse pensée avec quelle reverence la terre reçoit ces goutes de sang qui sortent du Corps de ton

Jesus-Christ ; & ores qu'insensible , comme elle estime la valeur inestimable de ces grosses gouttes de sang qui la rougissent. Tu peux penser comme elle le tient cher, comme elle les retient par la volonté de son Créateur : non pour le convier à crier vengeance , comme faisoit jadis celuy d'Abel: mais pour demander pardon , crier misericorde. Crie donc , mon ame , misericorde, O Seigneur Dieu misericorde.

5. Considere que ton bien aimé Jesus pouvoit mourir , & te racheter sans sentir tant de peine. Et que pour l'amour de toy il a voulu souffrir en son corps, en l'interieure partie de son ame des douleurs si cuisantes , jamais homme mortel n'en ressentit de pareille , & que la representation qu'il en a eu en ce jardin qui correspond à l'autre où Adam pecha , l'afflige d'une affliction extraordinaire. Et c'est ce qui luy faisoit dire tantôt, (Mon ame est triste jusques à la mort) O les tu t'éjoüir en ce monde, te souvenant de cela ;

6 Contemple , mon ame , comme ton Rédempteur est si outré de douleur , qu'il recherche de l'aide. Voy & entens comme il prie son Pere, comme il sollicite ses Apostres de se mettre en priere : elas ! avec ces douleurs, il void les desseins de

Satan fur ces Difciples. Voy , voy , mõn ame, comme tout couvert, & tout rouge de fon propre fang il mandie & demande affi-ftance au Ciel & en la terre, n'en feras-tu point émûë.

7. Confidere l'extréme douceur & de bon-naireté de Jefus-Chrift. Las ! quelle in-croyable patience. Il trouve ces difciples endormis contre l'avis qu'il leur avoit don-né : Il ne fe laffe de paroles, il ne fe fâche contr'eux , il ne leur reproche leur mecon-hoiffance & defobeyffance ; il parle à eux fi doucement ; Mon ame , affifte-le , & prie avec luy.

Premier Colloque.

MOn bien aimé Jefus , mon defiré foucy , que faites vous en ce funefte jardin, pourquoy vous arretez-vous davan-tage en ce lieu où vous trouvez tant de fu-jets qui vous affligent fi fenfiblement, que n'ême ; Hé mon Sauveur : ne voyez-vous pas fortir vos ennemis de la ville ? voyez cette trouppe infolente, elle vient droit à vous : c'eft à intention de vous pren-dre , & lier comme un criminel , fortez donc promptement. Et quoy , perfonne ne vous affiste ; Ces trois Apôtres que vous avez triez d'entre les autres pour vous accompagner , dorment profondement. Ils ne font armez non plus que leurs compagnons, qui font à l'entrée de ce jardin : ha? Seigneur ? vôtre Pere ordonne que vous enduriez , que vous patiffiez pour les pecheurs. Tout le monde avec cela conjure contre vous. O que vous pouviez bien dire en ce folitaire jardin , ce que Ifaye a autrefois médité fur vous :(l'ay regardé tout autour de moy , je n'ay vû qui m'aidât. l'ay cherché,je n'ay trouvé aucun fecours.)Anges benits , Saints Bourgeois de Paradis, venez , venez , je fçay que le Pere Eternel vous donne cette commiffion de décendre pour venir confoler fon Fils. Mais fi vous luy venez montrer cette Croix en laquelle il doit mourir : fi vous luy prefentez ce Calice, ce hanap plein d'une boiffon fi amere, quel réconfort apporterez vous ? O bon Jefus , excufez ce meffager celefte en fon ambaffade fidelle, il n'aporte & ne vous dit rien du fien, vôtre Pere, Eternel luy as commandé de vous dire ce qu'il vous dit. Il veut que vous montiez en Croix pour tirer le genre humain d'entre les mains de Satan. Cette cogitation fera dure au corps qui eft infirme : mais elle fera douce à l'esprit qui est prompt & deliberé à tout ce que veut vôtre Pere ; Mais, mon ame, prête l'oreille aux paroles du Fils de Dieu, durant ce fâcheux combat, vôtre volonté soit faite, & non pas la mienne (O esprit invicible ! ô ame resoluë ! qui m'aimez plus que vôtre propre corps. Pourray-je douter de mes huy de vôtre amour, puis qu'en cette extréme representatiou des angoisses de la mort, vous voulez ce que l'on veut pour mon bien. Certes, Seigneur vous n'êtes venu en ce jardin sans un haut & pourpensé Mystere ; vous protestez de vouloir obeyr à tout pour refaire le monde qui fut ruiné en un jardin, quand Adam fit vœu solémnel de desobeyssance. Mon ame, suy ton bien-aimé Jesus, desavouë Adam desobeissant.

Second Colloque.

MAis dites moy, Seigneur qui vous a blessé ? je voy tant de sang distiller de vôtre Majestueuse face, les ennemis sont encores en la vallée, & sur le costeau : Je ne voy personne arrivé en ce Jardin. D'où vient ce sang ? Ie suis, Seigneur, le mal'heureux assassin. C'est moy qui suis ce patricide : mes pechez sont les dagues & les

couteaux qui ont fait l'ouverture à ce précieux Sang. Saint Luc votre fidelle Secre-
taire l'appelle sueur. C'est m'expliquer de
tout doute : vous dites, autre fois à Adam,
Tu mangeras ton pain à la sueur de ton visage,
Ta viande assaisonnée (luy disiez vous)
avec ta sueur, comme ton pain en sera bou-
langé : ce sera aussi tout breuvagé. Vous
avez dit un jour, que l'obedience étoit vôtre nourriture, c'est le premier mets de vôtre table, & vous cherissez tant cette vertu,
que la sueur naturelle vous manquant pour
la retenir toûjours, vous employez votre
sang, pour assaisonner le plaisant mets des
vertus, qui accompagnent l'obedience,
en faveur de laquelle vous exposez votre
volonté, & votre vie. Ie croy avec cela,
mon doux Jesus que le faix de mes pechez
étoit si pesant que le vous chargeant sur
vos épaules vous travaillez si fort dessous,
que vous en suez jusques au sang. Pere
Eternel, vous ne devez plus bander l'arc
de votre juste colere contre nous, puis
que vôtre cher Fils se charge de toutes
nos fautes pour y satisfaire Sus, sus,
mon ame, approche-toy promene toy le
long des rivages, & des ruisseaux de sang
& en vraye colombe mire-toy dedans
reconnois comme l'oyseau de proye Satan

t'épie. Et avec cela, lave toy, nettoye ta
conscience dans le sang de cet Agneau sans
tache. C'est le sang de cét Agneau qui porte
tous les pechez du monde. Sus, courage,
si les portes de ta conscience sont teintes
de ce sang, la mort n'entre chez toy: l'Ange
Justicier passera sans t'offenser, & frappera
seulement tes ennemis.

Prière avec la Requête.

O L'amour de mon ame, mon Sauveur
Jesus-Christ, je vous prie par cette
sainte sueur de sang, par ce sacré baume que
vous répandez en ce Jardin, pressé, & si vivement affligé en vôtre ame sur la consideration des peines qu'on s'aprêtoit de vous faire endurer, & plus sur la connoissance pré-
voyante que vous aviez de nos ingratitudes
Je vous prie, dis-je que me fassiez cette
grace que je puisse acquerir les vertus, que
vous m'enseignez en ce Jardin. Entre toutes
je voy comme une belle rose environnée de
belles fleurettes, une parfaite & entiere
resignation de la volonté de vôtre Pere.
Donnez-moy cette même vertu, que je me
remette en tout & par tout vôtre disposition & pour l'amour de vous & à vôtre
exemple à la volonté de mes superieurs

que je ne defire , que je ne vueille que ce
qui vous plaira , & qu'en toute chofes à
toutes rencontres, que je die de parole &
d'effet. (Que vôtre volonté foit faite , &
non pas la mienne.) Faites auffi , mon Redempteur : qu'en mes adverfitez je me défie
de moy, que je me confie en vous, & que
j'aye recours à la priere, & à l'Oraifon ainfi
que vous avez enfeigné en ce jardin. Que je
fuporte charitablement les imperfections de
mon prochain à vôtre exemple , car vous
trouvant en cette incroyable affliction, &
voyant vos Apôtres endormis , aufquels
vous en aviez donné avis , & les aviez ex-
hortez de s'armer de la priere, vous ne les
avez repris comme fâchez , feulement les
avez éveillez & follicitez de s'évertuer de
prieres Donnez-moy auffi , Seigneur, cette
force & conftance d'efprit que vous m'a-
prenez par cét invicible courage que vous
montrez quand l'Ange vous fignifie l'arreft
du Ciel : & fur tout, ô bon Jefus, faites que
je boive volontairement le Calice, & que je
porte patiemment la Croix que vous m'en-
voyez. Amen.

MEDITATION SVR LE SANG

que nôtre Seigneur Iesus répandit,
quand il a été fouetté.

POINTS A MEDITER.

ONTEMPLE, mon amé comment le tres-innocent Fils de Dieu, sans avoir aucunemēt failly, sans avoir offensé perſonne, a été condamné au foüet, comme s'il eût été le plus infame larron du monde & comme on l'a livré à cét effet entre

mains des Juifs ſes capitaux ennemis. O inhumanité trop inhumaine ! ô barbarie trop
barbare ?

2. Conſidere comme ces infames bourreaux en grande furie, avec grande hurle-
mens reçoivent le doux Jeſus, comme ſans
aucun reſpect, & en grande dériſion, ils le
dépoüillent, & avec milles paroles & milles
geſtes honteux ils lient à ce froit pillier
de marbre.

3. Contemples comme ces cruels & ſales
miniſtres frapent & batent furieuſement ton
Sauveur, en telle ſorte que le ſang ſort de
tous les endroits de ſon ſaint Corps, &
qu'ils en ſont tous baignez & mortifiez, &
que cette playe de ſang eſt ſi grande, que
les quatre murailles de la chambre en ſont
toutes rouges.

4. Regarde, mon ame, les épaules du
Roy de gloire, elles ſont toutes déchique-
tées de coups : tu les vois toutes rouges, &
toutes plombées, toutes noires enfin il n'y a
comme plus de peau, Ha mal'heur, ce ſont
mes pechez, il paye cela pour moy.

5. Repreſente toy que les mal'heureux
Iuifs mâdent, à ces miniſtres qu'ils ne ſe fei-
gnent point de foüetter ton Créateur, ton
Dieu qu'il ne l'épargnent : qu'il n'y a point
de danger de le foüetter ſi dru & menu, &

fi long-temps qu'il en meure, Ha ! quelle felonnie, quel rage.

6. Médite mon ame qu'encore que ton Sauveur Jefus reffentit tres vifiblement les douleur que pouvoit aporter une fi fanglante flagellation, étant d'une nature & complexion fi tendre & fi delicate, ce neanmoins pour l'amour de toy, il patiente & endure tout, & fans fe plaindre. Et tu te plains pour la moindre affliction.

7. Contemple comme le tres-debonnaire Jefus fe comportoit avec les Miniftres de la pretenduë Juftice de Jerufalem, & avec ceux qui procurent qu'il fut ainfi foüetté. Il pouvoit les châtier, les abîmer les uns & les autres. Tant s'en faut, il leur pardonne de bon cœur, & prie pour eux. Et toy tu te veux reffentir pour la moindre parole qu'on dit de toy.

Premier Colloque.

Quel facrilege, Seigneur, a commis vôtre corps tres-pur & innocent, que vous confentez qu'il foit auffi cruellement foüetté ? A mon avis que vous payez pour un larcin que vous n'avez commis. Auffi vous en êtes-vous plaint par la bouche d'un devot Prophête quand il crioit, (le payois ce que je n'ay dérobé,) O amour incomparable : ô charité demesurée , nous sommes les larrons , les sacrileges nous avons tres-bien merité d'être foüettez: mais vôtre charité a voulu être pris & mis en notre place , & être traité comme nous le devions être. Ha , que nous devons bien dire & à haut voix. *Ha été blessé pour nos fautes il a été foüetté pour nos crimes* O Pere Eternel ; est-ce là l'Empire, la principauté que vous promettiez de charger sur ses épaules, Helas ! Seigneur , que cela nous déplaist de voir vôtre Fils le plus accomply de tous les hommes , qu'il soit tellement navré, que ceux qui ne le connoissent, s'imaginent qu'il soit un ladre , & ainsi frapé de la main de Dieu , comme s'il étoit quelque abominable pecheur. Mais, mon ame, remarque parmy ces insolence, sous cette pluye de coups de foüets, ton Sauveur ne se fache, ne murmure , ne fait aucun reproche on ne l'entend point se plaindre, ains il demeure comme une enclume sous le marteau des forgerons. Ouvrez un peu les yeux, mon bien-aimé Jesus, considerez un peu ces vilains Ministres , regardez-les, possible que vôtre regard adoucira leur furie : peut être que la douceur de vos yeux amolira leurs cœurs. Saint Pierre touché du rayon

de vôtre vûë s'est reconnû il n'y a pas long-
temps, il étoit plus Pierre d'état que de nom
vous l'avez fait fondre en l'armes en le re-
gardant. Ces ministres icy sont des hommes, ils n'ont eu le bien de vôtre hantise,
vos œillades arréteront le cours de leurs insolence, peut être que les foüets leurs tom-
beront des mains, & qu'ils sortirent de cette conciergerie, & irons pleurant leurs fautes. Mais, helas! à leur contenance ce sont
des endurcis, leurs mines farouches montrent qu'ils ont les ames sauvages, ils s'é-
joüissent en vos playes, & santent de joye
s'ils voyent que leursfoüets emportent de
vôtre précieuse chair, quand ils élevent
pour redoubler leurs coups. Ils ne sont at-
tentifs qu'à vous foüetter, ils ne regardent
vos yeux, & ne craignent de les blesser, n'y
de ne navrer vôtre face. Pleure donc, pleure
mon ame, puis qu'il n'y a espoir de faire
cesser ces inhumains bourreaux.

Second Colloque.

ANges tres-saint décendez du Ciel,
venez voir un spectacle qui n'a jamais
été vû au monde, venez, & vous verrez le
Roy de gloire, ce'uy que vous desirez
voir, vous le verrez attaché à une co-

lomme, comme un criminel, vous verrez vôtre Prince souverain foüetté comme un forçat, oomme un esclave qui avoit pris la fuite, qu'il s'étoit voulu dérober : qui l'auroit jamais pensé que le Fils de Dieu qui est venu en ce monde afin de nous délier des liens du peché auroit été lié à une colomne, qui auroit jamais crû que le Sauveur du monde eût voulu être ainsi tourmenté pour nous delivrer des tourmens éternels. O charité sans exemple, ô amour incomprehensible. Cependant ô Seigneur, que nous vous chargeons de coups de foüets par nos pechez & offences, avec vôtre bien veillance vous nous chargez de bien faits. Mal'heur à nous, mon ame, si nous ne reconnoissons ces si grandes faveurs, & malediction sur nous si les connoissant nous n'en tenons conte Sus, sus, vilains ministres ; infames bourreaux, cessez, c'est assez, vous n'avez que trop obey à vos méchans maîtres : ne voyez vous pas que depuis la plante des pieds, jusques au sommet de la tête de mon Sauveur Jesus, il n'y a peau entiere. Que si vous n'avez aucun trait d'humanité en vos ames reprouvées soyez au moins saouls de cruauté, lassez vous de frapper & de foüetter. Et que veut dire, mon bien aimé, que vos sacrées épaules sont converties en fontaine de fang : Ie fçay que c'eft, vous êtes venu pour chercher la pauvre brebis égarée, & l'ayant trouvée, la charger fur vos épaules : C'eft fans doute, que cette pauvre créature laffée, recruë du chemin, en roüée & alterée à force de beller, à plus grande neceffité de trouver quelque ruiffeau, que le cerf chaffé dans les bois & deferts. Vous pourvoyez à tout, vous luy offrez des ruiffeaux de fang pour la rafraichir. Bien-fortunée brebis, peux boire à longs traits de ces vives fontaines : las, foüetteurs, fi vous vouliez n'être plus loups carnaciers, ains fimple brebis, reconnoître le Sauveur du monde par vôtre Pafteur, il oublieroit vos cruautez, il pardonneroit, il vous recouvroit charitablement & vous mettroit fur fes épaules, afin de vous tirer des dangers des Lyons infernaux, & vous repaîtroit de fa propre chair, & de fon propre fang. Et toy, mon ame, prens ces paroles pour toy, tes crimes font plus énormes, que ceux de ces vilains miniftres : mais ne les enfuis en leur obftination. Cours aprés ton vray Pafteur, & comparis à fes peines.

Priere avec la demande.

MOn tres-amoureux Jesus je vous prie par le sacré sang que je voy couler de vos saintes épaules, & par toutes les douleurs que vôtre tres-pur corps ressentit, quand il fut si énormemént foüetté, que vous me donniez le desir & vouloir de si bien mortifier ma chair, & pour tant d'importuns appetits ; que je suive les mouvemens de la raison, & les saintes aspirations que vous daignerez m'envoyer. Mon Dieu mon Créateur, vous connoissez l'humeur de nôtre chair insolence, elle retient encor le naturel de sa mere la terre qui de soy produit épines & chardons. Vous sçavez comme elle est ennemie de toute mortification comment elle se baigne és plaisirs & ébats. Vous voyez mes necessitez, que si je ne châtie mon corps, & ne luy donnez une bride, & un mors, je crains que je ne sois reprouvé. Vous m'avez creé, mon Dieu, vous m'avez rachepté, mon Rédempteur aidez moy à menacer cette mienne chair rebelle, afin que l'ame soit sauvez par vôtre grace & par vos merites. Je vous supplie sur tout, bon JESUS, que vous me donniez la grace, qu'en la vertu de vôtre flagellation, je porte patiemment les ennuis & tribulations que vous m'envoyerez, & que j'en remporte quelque fruit, & quelque profit pour le bien de ma pauvre ame. Faites cela, je vous en prie, mon Seigneur JESUS. Amen.

MEDITATION SVR LE SANG
que nôtre Seigneur Iesus repandit, quand il a été couronné d'épines.

POINTS A MEDITER.

Onsidere, mon ame, comme ces ministres d'enfer ayant sanglamment foüetté ton Rédempteur, s'aviserent d'une invention diabolique, disans les uns aux autres que sa precieuse tête n'étoit assez n'avrée, qu'il disoit qu'il étoit Roy qu'il falloit le couronner, dont l'un se mocquant, luy prenoit une poignée de ses cheveux, luy faisoit lever la tête en haut : un autre, une autre poignée, & tiroit en bas : hé, ce disoit-il, porteras tu bien une belle couronne, & avec cette mocquerie ils affli-ge bien infiniment son ame.

2. Contemple en aprés, comme ils posent insolemment sur la tête venerable une grande & grosse couronne d'épines à long & pointus picquerons, & les ministres bourreaux de peur de picquer en l'accommodant, ils se mirent à frapper dessus avec de gros bâtons, & donnoient des coups si pesans, qu'ils étourdissoient nôtre doux Jesus, & ne seroit-on expliquer les douleurs qu'ils ne ressentoit, & la patience qu'il prenoit.

3. Represente toy, comme les épines entrantes dans le bien heureux test de nôtre Seigneur, les picquerons ayant transpercé la peau, & rencontrant le sacré os coronal les deux parietans, l'occipital, avec les pierreux qui sont naturellement tres durs, elles rebourçoient, replioient & quelques uns se cassoient, & quelques parties comme échiles demeuroient dans la peau, & entre le cuir & l'os, dont le gros bout par la force de grands coups de bâton, faisoient

de nouveaux trous, ou élargissoient les premiers, & ainsi les douleurs renouvelloient & augmentoient.

4. Voy maintenant comme le précieux sang de ton Dieu découlle, ruisselle de toutes les parties & endroits de son majestueux chef, tant de sommet de la tête, triste & tout navré des coups de bâton comme de toutes les autres parties d'iceluy toutes percées d'épines.

5. Médite mon ame, ce gracieux visage, qui étoit si agreable à tous ceux qui avoient le bien de le pouvoir voir. Regarde comme il est maintenant défiguré, comme le sang qui sort par les trous que les épines font en sa tête, découle le long de son beau visage, & se mêlant avec d'autre, qui sort des playes reçûës des coups de foüets, se glace & épaissit, & le rend tout difforme.

5. Considere comment le Roy de gloire est mocqué des ministres bourreaux de l'injuste justice de Jerusalem. Voy, comment le Roy de tout le monde est fait le joüet & la risée les mocqueurs : que sa couronne est un hallier d'épines, son sceptre est un roseau.

7. Contemple l'inimitable patience du Fils de Dieu, qui est la sapience éternelle

du Pere Eternel qui pour l'amour qu'il nous porte ne se soucie qu'on se mocque de luy, desirant par ce moyen de déraciner de nos ame la vaine ambition & ambicieuse vanité d'entre nous.

Premier Colloque.

QVe signifie, Seigneur, cette nouvelle façon de vétir, ou de coiffer? de quel Royaume êtes vous courronné Roy: je vous voy une Couronne sur la tête, & un sceptre en la main, si cela est, il faut nous éjoüir, & je ne vous voy point prendre aucun plaisir. Ie vous voy tout triste & affligé les yeux baissez vers la terre & je ne voy point que l'on vous ait oinct d'huile, comme les Roys anciens il me semble que vous êtes tout couvert de sang, Helas: mon Seigneur, quelle fête les Rois de ce monde au jour de leur courronnement & de leur sacre, font l'argesse d'argent & de monnoye tirée des entrailles de la terre, & vous prodiguez votre sang. Et qui vid jamais une telle Couronne, que celle que vous avez; Au jour du sacre des Roys, tout le monde crie (vive le Roy,) l'air retentit de ces horribles paroles; (Crucifie le, Crucifie le. (Dites moy Juifs, qu'elle marque,

quel trait d'ambition avez-vous jamais re-
marqué en mon Jesus-Christ que vous trai-
tez comme le plus sot ambitieux du monde:
Quelle Seigneurie a il usurpée ! quel
Royaume a-til voulu avoir , que vous le
Couronnez d'une Couronne de picquantes
épines,& luy mettez en main un vil sceptre
de canne.

Vous souvient-il point que vous avez
crié qu'il failloit le faire Roy , & que vous
vous êtes mis en devoir de le mener en
triomphe comme vôtre Roy ; Et qu'il s'en-
fuit és deserts , pour vous protester sans dis-
simulation qu'il étoit bien loin de cette pensée & qu'il n'avoit autre ambition que de
pauvreté,& de vous montrer exemple d'humilité ,& à mépriser les grandeurs du monde , Hé ! mon Seigneur ne pouvez vous
pas aussi bien fuir maintenãt que vous
faisiez quand ils vous vouloient déclarer
Roy d'Israël, vous le pouvez si vous voulez. Que ne vous otez vous d'entre ces ministres bourreaux infames : Leurs liens
leurs cordages ne vous retiendront pas s'il
ne vous plaist. Hélas ? c'est l'amour qui
vous tient captif , vous , voulez payer
pour nos désordonnées & déreiglées
ambitions , pour nos insolentes vanitez ,
pour nos veines présomptions. Mais pe-

chez, Seigneur, font les épines picquantes, que la terre ingrate de mon corps a produites. Cette infuportable couronne en eft bâtie. Las, ces épines font longues, fortes, & tres picquantes, auffi ay-je un corps de heriffon, qui en produit de toutes parts, & en tous endroits. Et toutes mes penfées font dignes de rifée & de mocquerie, à caufe de quoy au lieu d'être honoré, vous êtes ainfi mocqué. Auffi defiriez vous par vôtre Prophête Abacuc, Je fuis plein de honte & de riffée, au lieu d'honneur & de gloire. Et tout cela pour moy. Humilie toy, mon ame & honore ton Dieu, ton Créateur, ton Rédempteur J E S U S.

Second Colloque.

A H ! miniftres boureaux, un peu de relâche, tréve pour un peu de tems. A peine avez vous laiffé les foüets ufez fur le corps de cét homme, que vous recommencez un nouveau fupplice : Il ne vous meffait il n'a offenfé perfonne il eft plus mort que vif. Qui vid jamais pareille infolence, que oüit oncques parler d'une grande inhumanité ? vous l'avez foüetté en forte qu'il n'a peau entiere, & fon corps eft tout déchiqueté. Vous

venez

venez de luy mettre une couronne d'épines
sur sa tête, & à grands coups de bâton luy,
avez fait entrer les picquerons quasi jusques
à la cervelle : & vous en faites comme le
sujet d'une farce. Certes cette mocqueries
cette visée dissoluë afflige plus son ame, que
les douleurs de son corps & de sa tête. Helas ! Seigneur, voicy un autre mystere,
vos tourmens ne finissent point. Comme
ces abominables ministres vous ont dé-
poüillé, les Iuifs vous ont vîtement jetté sur
les épaules une grande robbe de pourpre, de peur que ces bourreaux ne fussent
émûs à quelque compassion, lors qu'ils
verroient cette grande & large playe
que vous y aviez : vous surmontez tout
avec vôtre invincible pacience. Ha !
qu'elle étoit grand, ô chef Majestueux,
Royale tête de mon Redempteur : ce
n'est pas vous qu'il faut environner ou
couronner de ronces & d'épines, car
vous n'étes pas de cette terre qui fut mau-
dite au commencement : & ces peines ne
vous sont dûes, car vous n'avez peché.
O sacrée face : plus luisante que le Soleil,
comment étes vous ainsi ternie ; comment
vous voila tachée de sang ? O beaux
yeux : astres luisans, claires lumiere de
mon ame : qui vous fait ainsi éclipser

X

qui vous privent ainſi de ces agreables re-
gards, que vous jettez par cy-devant ſur
vos affligées créatures. Bon Apoſtre, docte
Docteur de l'Egliſe, vous avez bien dit,
que *le Fils de Dieu prenant nôtre nature s'eſt
aneanty*, comme transfiguré, a défiguré la belle figure, terny le beau luſtre de
ſon viſage, a obſcurcy la claire beauté de
ſes yeux. C'eſt bien icy une autre ſorte de transfiguration que celle du Mont
Thabor. Mon ame humilie-toy, abaiſſe
toy, aneantis toy, ſi tu veux que ton Dieu
t'aime & reconnoiſſe.

Priere avec la Requeſte.

MOn tres-patient Ieſus Chriſt ; je
vous prie par ce ſacré ſang qui jaillit
& qui ſortit ſi abondamment quand on vous
couronna d'épines par les extrémes douleurs que vous reſſentites des aiguës épines
qui entrerent en vôtre ſacrée tête à ce triſte
couronnement, que vous me faſſiez cette
grace, que je puiſſe ſi bien mortifier mes appetits, que je n'apete, & que je ne deſire,
ny honneurs, ny grandeurs, ny vanitez
de ce monde tres-immondes. Et qu'à vôtre
exemple j'aye en horreur, & ſois ennemy
de toute ambition. Davantage, mon Redem-

pteur, je vous ſuplie de me faire cette faveur, que j'aye une telle humilité en l'a-
me, que quand on me mépriſera, ou qu'on
ſe mocquera de moy, je le ſuportera y ſeulement patiemment pour l'amour de vous?
mais auſſi que je m'en éjouiſſe en moy-mê-
me, que j'en remercie vôtre bonté, qui me
fait cét honneur de me faire ſemblable à
vous en quelque maniere: car pour mon
bien, pour mon ſalut, vous avez pris plaiſir d'être farcé & mocqué en ce tres penible & honteux couronnement d'epines.
Et ſur tout, mon Dieu, je vous demande
qu'ayant cét honneur d'être l'un de vos
m'embres, je ne ſois un delicat, un mignard
& doüillet, puis que vous, mon chef, avec
cette Couronne d'épines picquantes faites
cela. Ie vous en ſupplie tres-humblement,
mon tres-aimé Ieſus. Amen. Ainſi ſoit-il.

MEDITATION SVR LE
Sang que nôtre Seigneur Iesus répandit portant sa Croix.

POINTS A MEDITER.

CONSIDERE premierement mon ame, ce qui s'est passé en la personne de ton bien-aimé JESUS-CHRIST, depuis qu'on l'a couronné d'épines, principalement ce qui occasionna qu'il épandit son précieux Sang, comme quand les ministres bourreaux ayant eu avis qu'il étoit condamné à la mort, ils s'éjoüirent de telle nouvelle & leur tardoit qu'ils ne l'avoient déja entre les mains : & si tôt qu'on leur eu livré, ils luy arracherent de dessus son dos cette robbe de pourpre, qu' étoit comme collée avec sa tres pure chair, par le moyen de son sang qui étoit épaissi & caillé parce qu'il faisoit grand froid : cela luy donna de grande douleurs & ratraîchit les playes ausquelles cette robbe étoit attachée.

2. Médite en second lieu, comme les Iuifs ordonnerent que cette sainte robbe de pourpre fut jettée là comme chose prophanée, disans qu'elle étoit si sale, qu'il ne falloit que personne la touchât, si grande étoit la haine qu'ils portoient à nôtre Redempteur. O malice trop grande.

3. Considere en troisiéme lieu, comme on le revétit de ses propres vétemens, afin qu'en le menant au suplice, tous ceux qui le verroient le connussent, ce qu'ils n'eussent fait aisément en autres habits : parce que son sacré visage étoit si noir de coups, si couvert de son saint sang, mélé avec les vilains crachats des bourreaux ministres, qu'on ne l'ût jugé par-la, qu'il eût été : & leur intention étoit qu'on jugeât en le voyant conduire au Calvaire, que c'étoit un méchant & un criminel. Et il a doucement suporté tout cela pour l'amour de nous.

4. En quatriéme lieu, contemple, mon ame, comme ces ministres bourreaux en depoüillant ton Sauveur se picquoient

souvent, rencontrant les épines de cette grosse Couronne, qui étoit faite d'un fagot d'épines, dequoy fâchez-ils luy donnoient des coups de pied & de poing, & de genoux, & le blasphêmoient & injurioient surquoy ils résolurent de la luy ôter. Medite avec quelle felonnie & rage ils la luy tirerent, & comme elle tenoit si fort à sa sacrée tête, que les picquéront qui y étoient entrez se rompirent, comme on le reconnoît au saint voile de la Veronique, dans lequel sa face est imprimée, toute défigurée où les épines qui demeurent en son chef, paroissent sans la Couronne. Ha! quelles douloureuses angoisses.

5. Contemple cinquiémement, comment les bourreaux mirent rudement & insolemment cette pesante & lourde Croix sur le dos sacré de Iesus-Christ, & comme cette partie qui étoit sur sa tête l'offensoit & blessoit en cheminant, car par le mouvement de cheminer, & le heurt des pierres du pavé des ruës, la Croix alloit se haussant & tombant sur son sacré chef, ce qui le navroit tres-sensiblement. Et elle étoit si grande, qu'il failloit la force de plusieurs hommes pour la pouvoir porter, où tu peux t'imaginer comme elle pressoit les enfleures & enleveures qui s'estoient faites par

my les grandes playes qui étoient sur ses sacrées épaules ; ces playes se renouvelloient,
il s'en faisoit de nouvelles, & de nouveau
le sang sortoit en abondance, & ainsi nouvelles douleurs , & nouvelles peines. O
bon Iesus ! que de mal pour vôtre ingrate
créature.

6. En sixiéme lieu, mon ame, contemple
que cette pesante Croix par deux principales rencontres interminentes , faisoit deux
autres playes bien grandes & desquelles il
sortoit en abondance du sang Premierement
la partie qui étoit sur l'épaule alloit frapant
la sacrée tête de Iesus , à l'os occipital en
cet endroit de derriere où avoit été la Couronne d'épines , où étoit demeurez les
picquerons cassez & rompus quand elle fut
ostée. Ils étoient longs par le dehors, & la
pesante rencontre de la Croix les poussoit
& pressoit rudement , en telle maniere que
ces épines là élargissoient les trous : & la
teste en toute cette partie étoit écorchée, &
quasi toute froissée. L'autre partie de la
Croix au dessous des reims alloit battant
ses costez en sorte qu'elles furent premierement écorchés , & la chair toute froissée rompuë , & déchirée avec tres-sensibles douleurs. Cependant sous ces peines cuisantes , nostre Seigneur alloit se

ressouvenant du peché d'Adam, chef de nôtre nature, & d'Eve faite d'une des côtes de ce premier homme, qui tous deux mangerent du fruit de cét arbre défendu : ô qu'il coûte cher maintenant à nôtre Redempteur ! ô qu'il endure & en sa tête & en son côté : ô que cét arbre de la Croix luy pese sur tout le corps.

7. Finalement, contemple ton Createur sous ce grand faix de la Croix, suant, saignant, & travaillant autant que peut endurer un homme. Voy comme les boureaux ministres le poussent, frapent, tirent, traînent, rudoyent, injurient, & se mettent encore sur cette Croix, pour le faire ahanner davantage dont il tombe souvent. Il pouvoit s'il eut voulu du moindre branslement de la tête les abîmer tous, comme de sa parole, hyer au soir il les fit tomber à la renverse. Las ! il ne pense ny à se venger, ny à se delivrer : ses pensées visent toutes à ton bien, ton salut, & à te racheter ? aussi l'Evangeliste parlant de cecy, use d'un mot, qui signifie porter volontairement, il ne pense à se delivrer, ains à te mettre en liberté. C'est pourquoy il convie les filles de Jerusalem de pleurer sur elles mêmes, & non luy. Il ne s'ennuye de ce long chemin qui est plus de 400 pas, prenant

le pas pour trois pieds : le chemin rude &
fâcheux, & où il endure tant d'outrage ex-
traordinaires : Il voit le lieu du supplice,
ces rochers du Calvaire, où il doit mourir
d'une mort si fâcheuse, si penible, & si
honteuse. Tout luy plaist pour lamour de
toy, horsmis le peché, auquel seul tu te
plais. Mon ame, hé ! tu ne haïras ce peché cause de tant de maux ? Las ne veux tu
pas aimer de vray amour, cét insigne amant
qui endure tant en te faisant la cour, aime-
le, mon ame, aime le.

Premier Colloque.

O Iuifs : si vous sçaviez de quel prix est
ce vétement de pourpre qui a touché
le sacré corps du Fils de Dieu qui l'a teint
du precieux Sang qui sortoit de ses playes,
vous ne l'auriez jetté là par mépris, comme
vous avez fait. Et toy mon ame, cherche
le : Si les Anges du Ciel le pouvoient avoir
en leur garde, ils empecheroient bien que
l'on ne le profânat : Trouve le, mon ame,
& le garde soigneusement, c'est un tresor
inestimable. Ce vétement de sois en certai-
ne, est tout baigné de sang de ton Redempteur la moindre goutte duquel vaut plus
que mille mondes : Hé mon Redempteur,

ne vaudroit-il pas mieux que vous quit-
taffiez vos propres vétemens puis qu'il
vous plaift monter ce Calvaire ; & y être
crucifié entre deux larrons, & être vêtu de
cette robbe de pourpre, vous aviez, ce me
femble, accoûtumé d'emprunter des hommes dequoy vous aviez befoin. Vous nâ-
quîtes en une maifon étrangere, vous fites
hier la Pâque en un Palais emprunté, vous
n'avez eu à vous ny maifon, ny caverne, ny
autre chofe. Auffi que fi vous étiez vêtu
d'une robbe, que vous n'euffiez accoûtumé de porter, l'on ne vous reconnoîtroit
fi aifément. Ce ne feroit une fi grande
honte à vôtre divine perfonne, vôtre re-
putation, vôtre honneur n'en feroit pas
tant intereffé ; les Iuifs ne vous feront
reprendre la vôtre s'il ne vous plaift. Ie
voy-bien que c'eft qu'il y a. Amour, qui
vous gouverne n'eft de cét avis, il follici-
te en nôtre faveur, que la confufion vous
convie en cette affaire & mifere de nôtre Redemption. Amour veut tout pour
nous, quoy que ce foit à vôtre defa-
vantage. O Anges ! ô Cieux ! ô Etoil-
les : voila nôtre Créateur, nôtre Pere
commun, voyez comme il eft conduit
à la mort. O terre que ne t'ouvre tu, au
moins que ne tremble tu fous les pieds

de ceux qui commettent un si horrible sacrilege ? Sus, sus, mon ame, puis qu'Amour veut que tout le monde connoisse nôtre Rédempteur, reconnoissons le, c'est luy qui a creé l'Univers, c'est luy qui est décendu du Ciel pour nôtre salut, c'est luy à la naissance duquel les Anges chanterent si harmonieusement, *Gloire soit à Dieu es Cieux.* C'est le Roy de gloire, auquel toute la Cour celeste fait honneur & rend obeïssance. Le tems viendra qu'il se fera craindre aux ingrats, & à tous ceux qui ne l'auront voulu aimer.

Second Colloque.

NE te scandalisse pas, mon ame, voyant ton Iesus-Christ être mené au suplice, comme le plus scelerat du monde ? car c'est l'amour qui menage & ordonne de cét affaire, & nos pechez en sont la cause. Mais, ô mon doux Iesus, je voudrois bien sçavoir quel grand fardeau c'est que vous portez sur vos divines épaules. Helas, le plus grand faix que vous ayez, c'est que toutes nos iniquitez, toutes nos méchancetez sont percées sur cét arbre de la Croix : & toute la machine ronde ne vous sçavroit être si pesante comme un seul peché. Hé, mon

Seigneur, je voy, je sçay que vous ne pouvez avoir plus gueres de sang, à grand peine vous pouvez vous tenir sur les pieds.
Comment pouvez vous donc porter une pesanteur si pesante ? C'est sans doute l'amour
qui maîtrise tout, qui est plus fort que la
mort même qui vous donne tant de force:
Et le desir que vous avez de mourir pour
moy, & de m'affranchir, vous fait trouver
tout cela leger. Ministres bourreaux ne vous
mettez point en si grande peine pour presser
mon Iesus-Christ de s'avancer de cheminer,
il luy ennuye plus qu'à vous qu'il n'est déja
en Croix : il luy est avis qu'il y a dix-lieuës
depuis le Palais de Pilate jusques en ce lieu
où il est : le jour luy dure dix ans. Pere Eternel, ce Calvaire est le lieu où Abraham vid
cét Aigneau entre les épines, Isaac y fut sacrifié, vôtre Fils porte le bois, comme voit
fait Isaac, & porte bien un autre feu que luy:
il brûle du feu d'amour, vôtre divine Iusti-
ce tient le coûteau en la main. Cét Aigneau
que voit Abraham fut sacrifié pour Isaac.
Ha ? il ne se trouve aucun chose qui soit
prise pour être immolée au lieu de vôtre
Fils. Aussi n'y a il rien qui vous puisse agréer
comme luy, il vous faut la victime de luy-
même, autre que luy ne vous peut contenter, rien que luy ne peut être le prix

de nôtre rachat. Il y va de bon cœur, tant
il defire vous appaifer & nous delivrer. Or
fus, mon ame fuivons le à la pifte, & fi
nous ne fcavons le chemin, regardons à
terre, nous verrons le fang qu'il a répandu
portant cette Croix. Que fi la peine eft grande & le chemin fâcheux, en amouron-
nous de luy, qui n'ayant affaire de nous
n'a rien trouvé difficile pour avoir nôtre
amour.

Oraifon avec la demande.

Dieu tout puiffant, Pere de mifericorde, je vous fuplie par cette honteufe
confufion, que vôtre Fils nôtre Redempteur
fouffrit portant une grande & tres-pefante
Croix, ainfi que s'il eût été une infigne laron
en la compagnie de deux infames larrons,
que vous me donniez la grace que je le fui-
ve avec la croix de mes afflictions, & des
travaux qui font fi communs en cette pre-
fente vie. Donnez moy, s'il vous plaift, ce
bon defir, cette bonne volonté, que je m'employe à vôtre honneur & fervice, au bien de
mon prochain, fans qu'aucun refpect humain me puiffe ébranler, ny que mes confi-
derations particulieres m'en puiffent de-
tourner, & ainfi que l'accompagnant en

ſes travaux, j'aye le bien de le voir, d'être avec luy en la vie éternelle. Rendez moy mon Dieu, ſi amoureux de la Croix durant le cours de cette vie, que quand ce viendra le dernier jour du monde, qu'elle paroîtra devant tous les hommes, portée par les bien-heureux Anges, je n'en ſois épouventé comme feront ſes ennemis, au contraire qu'elle ſoit mon refuge, que je prenne plaiſir de l'avoir, qu'elle ſoit mon aſſurance, comme l'ayant bien aimée en cette vie. Je vous ſupplie, Pere Eternel, faites cela pour l'amour de vôtre Fils.   Amen. Ainſi ſoit-il.

MEDITATION SVR LES
cinq playes de nôtre Seigneur, & premierement ſur les playes des mains.

POINTS A MEDITER.

CONTEMPLE, mon ame, lés mains ſacrées de ton Seigneur, de ton Dieu, mains pures & innocentes, qui ont êté em-ployées à faire tant de merveilles, tant de miracles pour ton ſalut, qu'il a étenduës & avancées ſouvent pour te tirer du chemin des enfers où tu courois à bride avalée. Voi comme elles ſont percées de part en part, comme le fang en jaillit.

2. Mais ne t'imagine pas que pour ête attachées avec ces gros cloux, elles foient retenuës pour ne te faire plus de bien : fçache, mon ame, que chaque coup de marteau donné fur ces gros cloux a jetté une voix, que chaque ouverture eft une bouche : que ce facré fang qui en découle, eft fait une langue que tout crie au Pere Eternel, Mifericorde, mifericorde, pardon aux pauvres pecheurs.

3. Reprefente toy les grands & douloureux fyncopes qui faififfoient nôtre Seigneur les grands battemens de cœur qui s'émouvoient en luy, quand ces gros cloux pointus traverfoient fes tendrons, mufcles & cartilages, paffoiet tres fenfiblement entre les nerfs, veines & offemens de fes facrées mains. O que ces parties-là font fenfibles ! ô quelles douleurs !

4. Contemple encore, mon ame, comme Iefus-Chrift ton bien aimé eft patient, comme il ne fe plaind entre les douleurs, comme il ne dit mot aux bourreaux, comme parlans à fon Pere il n'accufe les Iuifs qui le faifoient mourir, ains tout au contraire il le prie, & excufe & les uns & les autres.

5. Regarde attentivement comme il eft traité, mené rudement infolemment.

Voy comme lescloux ayant percé les mains & penetré à traves le bois de la Croix, les bourreaux le tournent avec la Croix, le visage & tout le corps contre terre sans aucun honneur respect & sans pitié. Ils le tiennent-là étendu, chargé de cette grande & pesante Croix. O quelles grandes douleurs il ressentoit de ce grand faix. Las : comme ses playes redoubloient en ces sacrées mains, & en tout son corps à chaque coup que ces cruels lâchoient pour faire plier ces gros cloux, afin qu'ils le tinssent attachée quand la Croix seroit élevée & plantée. O doux Jesus que de peine vous endurez pour nous.

6. Peux tu penser, ô mon ame, quels élans de douleur il ressentoient étant élevé en la Croix : ses douleurs ne diminüoient pas par le long espace de temps qu'il demeuroit porté par ces gros cloux, toûjours les peines augmentoient és paumes de ses sacrées mains, les ouvertures se faisoient plus grandes, & le sang en sortoit plus abondamment.

7. Scache mon ame, que ce n'a pas été sans grand mistere que le Sauveur du monde a voulu être ainsi étendu en la Croix. Il t'invite par cette grande étenduë de ses bras à t'approcher de luy, afin qu'il

t'embraſſe , & t'embraſſant, qu'il te lave de ſon precieux ſang.

Premier Colloque.

CEs mains, ô Seigneur, que je voy ainſi cruellement percées de ſi gros cloux, qu'ils encouvrent quaſi toute la paume, ne ſont-ce pas ces mains qui ont fait tout ce qu'il y a de beau & de bon és Cieux & en la terre ? quel mal , quel crime peuvent-elles avoir fait ? Si les nôtres ont offenſé la grandeur de vôtre Pere, en cüeillant le fruit défendu : faut-il pour cela que les vôtres en faſſe la penitence , & en porte la peine ? C'eſt l'amour mon bien aymé , qui vous fait payer ce que je dois , & non pas vous. Helas ! mon ame , que ſera-ce de mes mains, de quel ſupplice ſeront elles trouvées dignes , quand il leur faudra rendre conte de tant de fautes deſquelles elles ſeront trouvées coupables & ſalies de tant d'ordures & vilanies ! Ton Dieu, mon ame, te les avoit données pour bien faire, & pour combattre ſous ſes enſeignes à ſon honneur & gloire, & pour ſon ſervice ; mais cruelle, tu les as employées à cloüer & attacher les ſiennes en la Croix. Il faut bien, Seigneur que vous ſoyez tres-bon , & tres amou-

feûx : il paroît que vous êtes, & la vraye
bonté, & le vray amour. Cepandant que
nous ne penfons à autre chofe qu'à tourmenter vos mains par nos pechez, vous
employez les vôtres à conter le prix de notre delivrance fur la table de la Croix. Há!
Seigneur, vous ne payez pas notre dette
avec l'or & l'argent tiré des minieres de la
terre ; mais avec le fang immaculé tiré des
facrez flancs de la Vierge immaculée. Ce
fang eft fi précieux & d'un prix fi ineftima-
ble, que la divine juftice ne pourra refufer
noftre delivrance. Pere Eternel, je m'éjoüis
parmy ces fournaifes d'amour, vous ne fcau-
riez refufer aujourd'huy nôtre grace & notre pardon, elles vous eft demandée de trop
bonne part, & ce que l'on vous offre pour
vous payer eft d'une valeur infinie, & vous
eft prefenté non plus de la main de Moyfe,
non plus des mains d'Aron, non plus des
mains que quelque Prêtre pecheur, ce n'eft
plus le fang des moutons ou toreaux, c'eft
le fang de vôtre Fils Iefus-Chrift, qui vous
eft prefenté par fes propres mains.

Seconde colloque.

VOy maintenant , mon ame , comme le vray baume distille abondamment des mains de ton bien-aimé Jesus Christ, t'en donne toute la douceur, & retient pour soy toute l'aigreur & acrimonie, nous avons peché il en porte la peine , il souffre & endure, le merite est pour nous. Nos mains avoient offensé les siennes endurent, ô charité nompareille : Ouvre les yeux , si tu n'es aveugle,& voy cét écriteau en grosse lettre, qui est dans ses mains : il n'y a autre chose écrite , sinon ce mot Amour. Qui penses tu qui en ait été l'écrivain ; c'est l'amour qui y a gravé son nom, qui a mis son chiffre si industrieusement , qu'il n'en pourra jamias être effacé. Les plumes qui ont servy pour l'écritures , ou les burins qui ont gravé ce nom, ont été de gros cloux de fer , le sang du Fils de Dieu a servy d'encre, la Croix de table , & les paumes de ses deux mains ont été le parchemin , bien autre que de peau d'animaux , car amour y est écrit à toute éternité. Mais que veut dire qu'amour a lié & attaché les mains de ton Seigneur , certes c'est pour l'empêcher de prendre vengeance de tes temeritez & outrecuidances. Amour a fait deux ruisseaux de sang és mains de Jesus-Christ, pour laver les tiennes de leurs saletez & ordures, pour rendre ton cœur innocent. Cela est necessaire pour ton bien & pour ton salut. Sus, sus, mon ame, le Ciel est appellé montagne, le chemin pour monter, c'est le mont de Calvaire : ne vois-tu pas que ton Seigneur te tend les bras qu'il avance sa main afin de t'aider, pour que tu puisses monter aprés luy. Ha ? ne crains point les pointes de ces Cloux, elles sont repliées, pour ne faire mal qu'à luy, & la tête a été si fort coignée, qu'elle est entrée dedans la playe & les ouvertures, tu n'y trouveras que de la douceur, approche toy.

Oraison avec la demande.

O Bon Jesus : ô les amours de mon ame qui considerant le grand danger qui nous environne de la peine de ce monde où nous sommes toûjours au combat, élevez & étendez vos sacrées mains, pour que nous remportons la victoire : Helas ? je les voy supportées, mais non pas des hommes comme celles de Moyse, mais pas de gros cloux. O cruels cloux, mais ô doux cloux, doux pour moy, cruels pour vous. Ie vous fuplie tres-humblement par les douleurs que vous souffrîtes, & par le sacré sang que vous répandîtes de l'un & de l'autre main, que vous me donniez voftre amour, vôtre grace, la force & la conftance, que je puiſſe combattre & remporter victoire de mes propres paſſions. Souvenez-vous, Seigneur, que je fuis l'ouvrage de vos mains, que vous m'avez fait pour vous fuivre dans le Ciel, & que fi vous ne me donnez la main, je n'y pourray jamais monter. Vous avez efté attaché en Croix, vous y avez été mené les mains liées, & y avez été étendu pour quelles y fuſſent cloüées, fi vous ne me fecourez, je feray jetté en la géne éternelle, les pieds & les mains liées. Donnez moy la main prenez-moy, Seigneur, & je feray aſſeuré de la victoire, outre que la main de quiconque foit, bataille contre moy, aidez-moy, Seigneur.

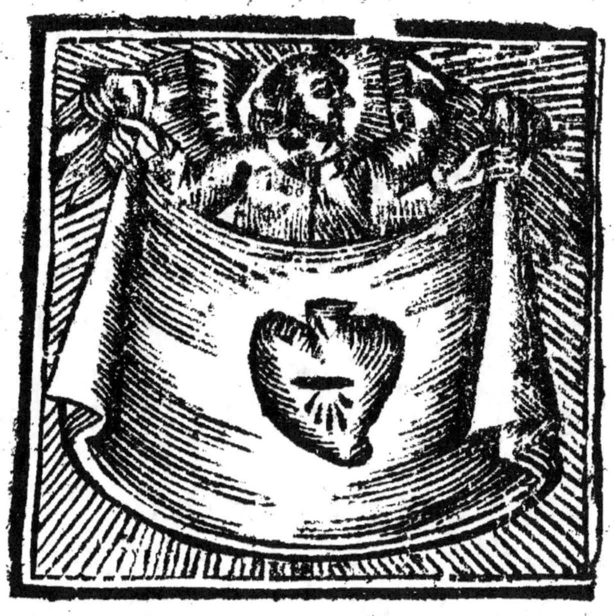

MEDITATION SVR LOV-
verture du côté de nôtre Seigneur.

POINTS A MEDITER.

Ontemple, mon ame, ce grand coup de Lance, que ton bien-aimé Jesus-Chrift a recû en foncôté, pour l'amour de toy, qui a fait un efcare fi grand fi large & fi profond en fa poitrine, que le fer a traverfé jufquà fon cœur. Remarque que l'Ecriture fainte décrivant cela, ne dit pas que le Soldat a frappé ou bleffé le côté de J. Ch. mais que le Soldat la ouvert, pour te dire, que

l'ouverture fût grande , & que cette ſacrée poitrine eſt ouverte afin que tu y entre.

2. Conſidere que l'amour que Jeſus-
Chriſt t'a porté , à été ſuperlatif, & pour te
le montrer , il ne s'eſt pas contenté d'endurer en tous ſes membres durant ſa vie ? mais
encores étant mort , il a voulu qu'on luy
ait ouvert le coté & qu'on luy ait fendu le
cœur, pour te donner ce peu de ſang qui s'y
étoit retiré.

3. Conſidere auſſi en ce lieu la rage & la
haine que luy portoient les Juifs, qui n'é-
toient pas contens de l'avoir tourmenté &
affligé exceſſivement en ſa vie, & de l'avoir
fait mourir à grand tort qu'à ſon decez ils
le frappent, le bleſſent, & luy ouvrent la
poitrine.

4. Conſidere , mon ame que l'on voit
ſortir de cette ouverture le ſang & eau,
qui étoient accompagnez d'une flâme d'a-
mour inviſible aux mortels : mais éclatante
en la preſence de Dieu le Pere. L'eau qui
ruiſſeloit, étoit pour laver l'homme pecheur
& le Sang qui en ſortoit, de même étoit
pour le blanchir & le rendre agréable à la
divine bonté , & tout enſemble pour luy té-
moigner combien il étoit aimé , & pour le
convier d'aimer.

5. Medi-

5. Medite soigneusement que cette ouverture au côté de ton Jesus-Christ, est la porte de la chambre en laquelle se traitent & accomplissens les nopces entre Dieu & l'ame fidelles desquelles, Amour est le Paranymphe.

6. Contemple qu'encor que nôtre Seigneur n'ait senty en son corps aucune douleur de ce coup de lance, parce qu'il étoit déja mort sa tres-aimée Mere en a reçu un grand coup de douleur, qui étoit presente, & qui comme tres-amoureuse de son Fils bien aimée en fut, cruellement navrée, luy qui voit tout & par tout fut fort offensé.

7. Contemple à bon écient, mon ame quelle grande douleur ressentoit cette Mere affligée, quand elle voyoit cette Lance acierée & luisante, qui pointoit la poïtrine nuë de son Fils tant aimé : Ha ! quelle angoisse, ha ! quelle affliction au cœur, quand elle vid donner un coup si roide & si fort, que toute la Croix en branla. Tu ne sçaurois jamais, mon ame, te figurer les angoisses qui redoubloient l'une sur l'autre en l'ame de la Vierge : Medite cela le mieux que tu pourras.

Premier Colloque.

MOn Dieu, j'avois crû que la mort avoit mis fin à vos angoisses. Ie crois, Seigneur que les Iuifs vous voyant mort, avoient étanché la soif insatiable de leur rage en vôtre sang que vous avez si prodiguement répandu. Ie pensois que ce cet orage si violent avoit cessé, vôtre ame bien heureuse ayant quitté vôtre sacré corps, qui avoit soûtenu l'effort d'une si cruelle tempête de douleurs : mais à ce que je voy, il n'en est pas ainsi de la cruauté de vos ennemis, mon Seigneur, car ils ne veulent point de tréve. Ses Iuifs frapent vôtre saint Corps aprés vôtre trépas : Helas ! est il possible que leur felonnie soit si extréme : qu'elle ne pardonne pas à un mort. Dy, dy moy Soldat insolent & cruel, quel déplaisir as tu reçu de mon Redempteur, que tu luy perce le cœur avec tant d'insolence ? Si ce cœur avoit été envenimé de quelque mauvaise volonté en ton en droit : ou à l'endroit des Iuifs encores ne dévrois tu pas être inhumain, Ie t'excuserois pourtant en quelque façon mais ayant été un cœur amoureux, pitoyable & tendre envers tous pourquoy le frapes tu si insolemment ; Aviso toy au moins à cette

heure ; cruel reconnois sa bonté, & qu'il est
tout amour puis qu'il te donne du sang &
de l'eau pour Médeciner la playe que tu fais
en ton ame, en frapant son corps : car il est
ainsi, que quiconque frape le corps d'un
autre, blesse son ame propre. Oseray-je dire, Seigneur que vous avez donné trop
de pouvoir au Prince des tenebres, l'en ay
sujet mon Dieu, puis que ses membres, ses
Officiers, osent fraper, blesser & navrer
votre corps tout navré, tout blessé tout
meurtry & déja mort Helas ! que vous pouvez bien dire ce que vôtre Prophete Royal
avoit dit quand vous luy révelâtes ce que
je voy qui vous est arrivé : *Ils ont ajouté sur*
la douleur des playes : car ils ont redou-
blé leurs insolences, vous voyant en leur
puissance, & a joûté playe sur playes.

Second Colloque.

TE prend il point envie, mon ame ; de
sçavoir pourquoy ton bien aimé Jesus a
voulu permettre qu'on luy ouvrit le côté,
étant mort ; Remarques en bien la cause.
Il le voulut afin de t'asseurer de la constance, de la perseverance de l'amour qu'il
te porte, qu'il t'aime encore aprés la mort :
que les douleurs, que la mort ne peut

empêcher qu'il ne t'aime d'un amour parfait, d'un amour qui est plus fort que l'a-
mour. Et veux tu sçavoir de quelle impor-
tance est cette ouverture ou cette fournaise
d'amour, paroît au corps de ton doux
Jesu mort ! Aprens le de l'Apôtre S. Tho-
mas, qui étant tout froid en la Croix, &
avançant la main pour la fourrer dans cette
ouverture, s'aprochant de la bouche de cette divine fournaise, sentit en sa poitrine une
tres ardante flâme, d'amour, & se mit à ge-
noûx s'écriant ; *O mon Seigneur, ô mon Dieu*,
comme ne pouvant durer auprés de cette celeste fournaise. Et que sera-ce moname, si tu
as ce bon-heur d'entrer au dedans ; sera-
ce si tu y demeure tout le temps de cette
languissante vie ; Ie sçay que toute ravie
d'aise, tu diras avec le Prophête : *Cecy est*
mon repos pour un jamais je demeureray icy, j'ay
élû ce lieu. Mais mon Sauveur qu'elle eau est
celle là que je voi sortir par la playe de vôtre
côté ; Helas ! il m'est advis que ce sont des
pleurs. Quand vous voulûtes ressuciter le
Lasare enterré depuis quatre jours, vous
pleurâtes : les Iuifs qui virent vos larmes,
conclurent que vous l'aimiez. Ces eaux que
je voy maintenant sont des larmes veritables qui témoignent que certainement vous
nous aimez. Elles ne pouvoient sortir par

les yeux, elles étoient retenuës en vôtre cœur, vous avez voulu qu'on leur fit un chemin pour sortir. Or ſus, mon ame, qui te retient, entre hardiment dans l'amoureuſe poitrine de ſon bien aimé. Amour t'y a fait une entrée, entre donc & te repoſe là dedans, tu y ſeras comme dans une fortereſſe, où les ennemis ne te pourront offenſe. Courage

Oraiſon avec la demande.

MOn tres de bonnaire & tres-amoureux Jeſus, je vous ſupplie par cette ſacrée ouverture de vôtre côté, par le ſang & par cette eau miraculeuſe, que vous daignez navrer mon ame de la fléche de vôtre divin amour afin que comme le Cerf bes bois bleſſé d'un dart elle coure à vous qui êtes la Fontaine des eaux vives. Vous ſçavez, mon Seigneur, & vous me l'avez dit, que tous les pechez ſortent & partent du cœur : allumez y donc un braſier celeſte, enflamez mon cœur de ce feu divin qui conſomme juſques aux racines, qui brûle ſaintement & amoureuſement, ſans conſommer ce qui eſt dommageable je reconnois bien que mon cœur trop endurcy ne ſe peut aiſement amollir. Autre que vous Seigneur, ne le ſçaurois échauffer d'une vraye chaleur ni navrer d'u-

ne sainte playe Tyrez le donc, je vous prie,
en vôtre sainte poitrine ouverte, en ce saint
fourneau, que je voy ouvert en vôtre côté.
Faites-luy la faveur que vous fite à S. Tho-
mas, afin qu'amoli, je puisse dire avec vôtre Prophéte : *mon cœur est devenu comme
cire fonduë.* Que si mes fautes passées luy
avoient causé une telle dureté, qu'il n'a pû
fondre en une fournaise si embrasées d'a-
mour ; ôtez, Seigneur, & ruinez ce cœur
de roc, & m'en donnez une autre, que soit
digne de recevoir les flaméches, d'être épris
par les bluettes qui sortent de vôtre tres ar-
dent fourneau. Vous me l'avez ainsi promis,
mon Dieu. Ie vous somme d'accomplir vôtre promesse, & faites que mon cœur, &
mon corpsne s'éjouissent jamais qu'au grand
Dieu vivant, qui est par tous les siecles
des siecles.　　Ainsi soit-il.

MEDITATION SVR LES PLAYES DES
pieds de nôtre Seigneur Iesus-Christ.

POINTS A MEDITER.

1. **M**EDITE, ô Mon ame, sur les pieds sacrez de ton Seigneur, comme tu les vois. Adore les tres-humblement, fait leur reverence en sumission ; Souviens-toy que pour ton amour ils se sont lassez mille fois, voy comme ils sont blessez, & ensanglantez pour tes pechez, & pour guerir tes playes.

2. Prens bien garde, mon ame, comme les pieds de ton Seigneur dévroient être, & comme ils le font maintenant, la terre doit être leur escabeau, c'est le marchepied de ton Dieu. Le voila crucifié, élevé en l'air, on attache les benîts pieds avec de gros cloux : mais non pas pour le soulager, ny pour les soûtenir. Ce n'est pas à intention de ceux qui l'ont crucifié, c'est pour le tourmenter davantage.

3. Considere, mon ame, que l'on traite ton bien aimé Jesus, plus cruellement qu'aucun mal-faicteur qu'aucun criminel qui soit aux Conciergeries & prisons : tu y en as vû plusieurs les pieds enferrez & chargez de ceps & goujons : mais ce n'est pas avec pareille intention que celles qu'ont les ennemis de Jesus Christ ; car elle est toute dénaturée & toute inhumaine, ils donnent les Cloux à ses sacrez pieds non seulement pour le tenir, mais pour le tourmenter & pour le faire mourir.

4. Contemple combien t'aime ton Jesus-Christ, qui pour te conduire & assister dans le Chemin du Ciel, a voulu que ses pieds fussent transpercez de gros cloux pour satisfaire à tes pas & demarches déreglées, & pour payer toutes les fautes que tu as commises par tes pieds.

5. Contemple encore, mon ame, que ton Rédempteur est allé ça & là, à pieds déchauffez pour mediter pour toy, & pour tout le monde, & qu'étant arrété, comme tu le vois, il te donne ce qu'il a de sang & veut que de gros cloux au lieu de lancettes fassent ouverture en ses pieds sacrez pour répandre tout ce qui s'en trouve & rangé en ces parties là.

6. Considere l'extréme douleur qu'il ressentit, quand il fut cloüé en la Croix par ses sacrées pieds : car cét endroit est tout plein de muscles, de nerfs & de veines, par consequent tres-sensibles, autre plus plein d'osselets, & ne s'est pû faire que ces gros cloux pointus & acierez, n'ayent rompu quelques nerfs, percé des muscles & des veine & brisé quelques ossemens: ce qui ne se peut faire qu'il ne ressentit des douleurs penetrantes par tout le corps.

7. Considére amoureusement quelle grande peine Iesus Christ souffroit en la Croix en ses pieds sacrez qui suportoiént toute la pesanteur de son corps, & que les playes qui y étoient alloient toûjours croissant, & ainsi croissoient toûjours les douleurs.

Premier Colloque.

QVe veut dire, mon Sauveur, que signifie ce Fer qui traverse vos sacrez pieds; O Iuifs: pensez vous point que mon Seigneur s'en voulut fuïr, & laisser là la Croix que vous avez ainsi cloüé ses pieds, vous ne deviez pas craindre cela il s'est abandonné à vôtre cruauté de sa franche volonté, des sa naissance il étoit résolu de se livrer en vos mains sacrileges, pour endurer ce que vous voudriez : mais non pas quand vous voudriez. L'heure est venuë qu'il s'abandonne à vous, faites-le mourir : mais pourquoy gros clou à ses pieds ;

Les fers sont pour les esclaves, & non pas pour tous les esclaves: mais seulement pour les forçats qui s'en voudroient fuir. Et de qui êtes-vous esclaves ; mon Seigneur, qui vous a mis ce gros clou, à vos pieds, pour nous delivrer de la servitude du diable ; pour cela êtes-vous esclave, quand les sateillites & bourreaux sont allez en Gethsemani pour vous prendre ; vous êtes allé au devant : vous vous êtes presenté à eux, pourquoy craignent ils que vous fuyes ? Ha ; j'apperçoy la cruauté de l'inhumaine Synagogue ; qui se montre

plûs dénaturée en vôtre endroit, quelle ne
fait à ses esclaves quand elles les met à la ca-
dene, elle fait que les fers s'accommodent
à leurs pieds, ne les écorche, & ne leur tire du sang : mais exercer sa rage contre
vous, elle veut que vos sacrez pieds obeïs-
sent & s'accommodent au fer, & qu'il se
fasse en eux une playe, ouverture selon
la grosseur du clou. Vous change tout en
bien, vous tournez tout en nôtre profit, de
tant plus vous répandez de sang, de tant
plus vous endurez, plus meritez-vous pour
nous ; Helas Seigneur, nous sommes les
coupables, nous sommes les esclaves de la
mort du peché : les cloux & les fers sont
pour nous, nous les avons meritez, vos sacrez pieds sont innocens.

Second Colloque.

SEigneur, je vous remercie tres humblement, de ce que pour m'affranchir,
vous avez voulu être lié : vôtre Majesté
sçait que celuy est veritablement en liberté qui a le Saint Esprit. Ie ne croy pas
quelque grace que vous m'ayez faite,
être hors de captivité, si je n'ay vôtre
amour & bien veillance, qui me tirant de
servage, de corruption, m'enroollera au

nombre des enfans de Dieu. Helas ! qui me donnera abondance de larmes pour pouvoir laver les sacrez pieds de mon Redempteur: où trouveray-je des onguents pour le joindre ? O amoureuse sainte Madeleine ! vous sçavez bien, combien il vous importoit de vous tenir auprés de ses sacrez pieds: vous aviez la connoissance, quel grand plaisir c'étoit à une ame penitente, de les baiser & de les baigner de larmes ; enseignez moy comment je dois faire, je desire que ce mien cœur s'ouvre & se fende de Contrition, que ces miens veux répandent tant de pleurs que j'en puisse laver les sacrez pieds de monbien aimé Jesus, & que son sang étant mêlé avec mes pleurs, soit fait une Baume salutaire dans mon cœur, pour laver les playes de mon ame.   O bien-heureux Clou : O S. Clou! puis que les bourreaux n'ont été émûs de compassion voyant mon Redempteur endurer tant de maux en ses sacrez pieds, ayes en pitié de toy, sçachez que ces pieds que tu attache & retiens à la Croix, sont les pieds de ton Créateur, qui t'a donné l'être & la dureté que tu as, non pour luy faire du mal : Helas ! mais pour le servir & ses creatures.   Que ne t'est tu brisé & moulu en cent mille pieces plûtost que de transpercer les pieds de celuy qui t'a donné ton être

Et puis que cela n'est arrivé, maintenantque
te voila dedans le fourneau de sa Charité,,
amolie toy, afin qu'en le soûtenant, tu ne
seras autrement.

Oraison avec la demande.

MOn tres-doux & tres-benin JESUS-
CHRIST, je vous supplie par ces ex-
cessives douleurs ,, que vous endurâtes en
vos saints pieds & par le sang precieux qui
ensortit, quand vous fûtes cloüé en la Croix
que vous me vüeillez pardonner toutes les
fautes que j'ay commises en cheminant par
les voyes de ce monde trompeur à fraudu-
leux. Ie me suis trompé, j'ay cheminé comme la brebis égarée, vous êtes Pere de misericorde, qui estes décendu du Ciel pour
chercher la brebis vagabonde & errantes
dans le desert je suis vôtre humble serviteur
égaré és divers carfours de campagnes de-
sertes. Ramenés moy Seigneur, dans le trou-
peau, pour lequel vous êtes mort, afin qu'à
l'avenir je demeure & chemine dans la voye
de vos Commandemens, *Que vôtre parole
serve de fallot & de lampes à mes pieds, & de
lumiere à mes pas.* Souvenez-vous, mon Redempteur , que vous avez été fait homme,

non seulement pour me delivrer du servage
du peché, mais aussi pour être ma guide en
ce dangereux voyage de ma vie Faites,
Seigneur, faites moy cette grace, que je
vous suive de si pres, qu'à l'heure de la mort,
je vous die en vous remerciant: Le Seigneur a guidé mes démarches & les tenebres ne mont point environné.
Ainsi soit-il.

Si Dieu est le centre où l'homme se repose
  Malgré la tempeste & les flots,
  Où pourra trouver son repos
Vne ame qui soupire apres toute autre chose.

CANTIQVE
SVR LES PLAINTES DE
la Vierge, qui se com-
mence en Latin, Stabat
Mater, &c.

Vand pour nous racheter le
Monarque des Cieux.
Sur l'Autel de la Croix
s'offrit en Sacrifice,
Sa Mere luy offrant des larmes de ses yeux;
Invitant un chacun à priser ce supplice,
Toûjurs elle opposa sa constance au malheur.
Mais le glaive impetueux, qui transperça son
cœur.
La rendit insensible aux traits de la douleur.
La perte étant extréme elle endure un tour-
ment.
Qui luy serre le cœur, ouvre aux plaintes la
bouche.

Si elle fut heureuse en son accouchement,
Ce jour luy fit payer la douceur de sa couche,
Les bourreaux inhumains les tragiques éforts,
Qui portent à son Fils des peines tant cruelles,
D'une extrème douleur sont des sujets si forts,
Que leurs coups luy étoient des atteintes mor-
    telles.
Las ! qui ne la plaindroit, contemplant ces
    horreurs.
Le Soleil de regret éclipsa sa lumiere,
Refusant d'éclaircir , parmy tant de fureurs,
Qui luy firent laisser sa pompe coûtumiere.
Mais quel homme de Marbre en quel cœur de
    rocher,
Pourroit ne s'attendrir aux accens de sa plainte
La Mere voit son Fils en la Croix attacher,
Peut elle recevoir une plus dure atteinte,
  Elle voit ô douleur, en sang son Fils trempé,
Et son corps delicat déchiré de supplices ,
Pour les crimes du monde, il fut ainsi frappé
Mortels pensez vous pas en étre les complices,
  Elle voit arriver a cette extrémité,
Celuy dont le peché ne flattent l'innocence:
Quel cœur peut elle avoir voyant la cruauté,
Le trainer à la mort , luy qui fut sans offence ;
  Ie te reclame donc , vive source d'amour,
Vierge fais moy sentir l'aigreur de son martire
Afin que je ne souffre écouler un seul jour,
Au quel sur cette mort mon ame ne soûpire.

Aux rais de tes ardeurs, ma glace réchauf-
 fant,
                                        (ame,
Grave d'un saint amour, les marques en mon
Et de la volupté les desirs réchauffant,
Ne me laisse brûler que d'une sainte flame.
  Entaille dans mon cœur l'image des dou-
 leurs.

Que ton Fils endura du fer & des épines,
Et fait que contemplant ses peines ses aigreurs
J'admire les effets de ses bontez Divines.
  Puis qu'il voulu souffrir ces cruelles ri-
 gueurs.

Afin de rac heter mon ame criminelle,
Ie veux y prendre part en toutes ses langueurs,
Pleurant incessamment son angoisse mortelle.
  Ne permets pas tarir la source de mes yeux,
Ains donne moy des pleurs, autant comme de
 vie.

Aussi bien le mourir ne m'est plus odieux,
Puis que de tout plaisir la cause m'est ravie.
  Prés l'arbre de la Croix, Choisissant mon se-
 jour,
                                        (mes,
Ie veux accompagner ces douleurs de mes lar-
A ce que tout transi & pleurant à mon tour.
Ie suive mon Sauveur au milieu des alarmes
  Vierge dont le Soleil admire la beauté,
Pour te voir emporter sa palme entre les meres,
Epands sur mes sanglots les rais de ta bonté,
  Souffrant qu'ils soient versez sur tes peines
 ameres.

veux mourir à tout, mourant au souvenir,
Du cruel traitement que reçut l'innocence.
    Quand tu vis les méchans, leur courage unis,
Afin de traverser de ton Fils la constance,
Laisse dessus les corps quelques traces visibles,
Ma chair se flétrira voyant mon cœur épris,
D'un feu qui va jettant des flames si sensibles.
    Vne si belle ardeur mes desirs animant,
En moy même je veux bâtir ton sanctuaire,
Et plaide aussi ma cause lors de ton Iugement,
Ne souffrant que ton Fils ne punisse en colere
    Des rameaux de sa Croix, ombrage lors
    mon chef.
Afin que reposant sous le frais de son ombre,
Des pecheurs obstinez j'étant le m'éfait,
La mort de mon Sauveur me sauvant de l'en-
    contre.
    Quand l'Orloge du Ciel, mon heure sonnera,
Mets mon ame affligée en ta sainte tutelle,
Et quand ce foible corps, mourant la laissera:
Fais qu'elle trouve place en la gloire éternelle.

CANTIQUE SPIRITUEL,
Sur l'air,

Goutons mieux les plaisirs Bergere
Le temps ne dure pas toûjours, &c.

Songeons à la vie Eternelle,
Le temps ne dure pas toûjours;
Vne gloire immortelle doit gagner nos amours,
Travaillons donc pour elle,
Au printemps de nos jours.
    Quand un grand âge nous accable
On voudroit s'adonner au bien,
Mais ce mal incurable en ôte le moyen,
Et souvent miserable,
L'on meurt sans faire rien.
    On dit, helas dans mon jeune âge
N'étois je pas une insensé,
Ie n'étois qu'un volage, & si j'eusse pensé
I'aurois été plus sage,
Et plus récompensé.
    Ce ver rongeant de concience,
Qui me cause un si grand ennuy,
Donneroit patience,

A mon Ame aujourd'huy.
Et plein de confiance,
Dieu seroit mon appuy.
  Cependant, ô sort déplorable,
Ie suis dans le tremblement,
Car le mal qui m'accable
M'ote tout sentiment.
Et je crain miserable,
Vn fatal jugement.
  Songeons à la vie Eternelle,
Le temps ne dure pas toûjours,
Vne gloire immortelle,
Doit gagner nos amours
Travaillons donc pour elle,
Au printemps de nos jours.

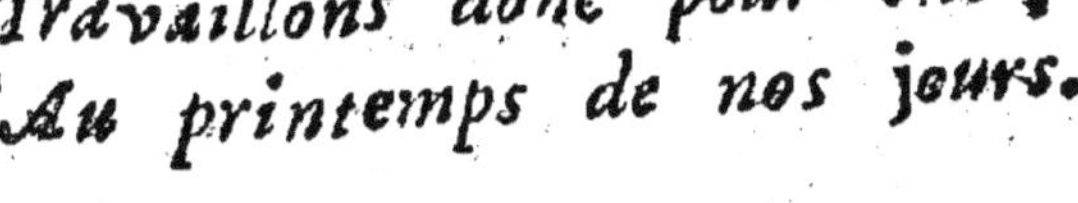

AVTRE CANTIQUE
Sur l'air Serieux.

Quand l'Hyver a glacé nos guerets,
Le Printemps vien reprendre sa
place , &c.

Qvand le pecheur long - temps endurcy
S'éloigne du chemin de la Grace ,
Et qu'il vit icy bas sans soucy ,
Du temps trompeur , qui coule & qui passe,
Et qui vient , sans dire me voicy ,
Qu'il est pris , à la fin de sa vie ,
Quand la parque pour finir son sort,
Trop fiere & cruelle ennemie ,
(Qui toûjours aux Mortels porte envie,
Vient l'avertir de l'heure de sa mort.

Il n'est plus temps , plaignant son mal'heur
De recourir à la Penitence ,
Car son corps accablé de langueur,
Du Médecin , cherche l'assistance ,
Pour apaiser s'il peut , sa douleur ,
Et dans ce dessein de toûjours vivre,
Sans penser , qu'il va bien-tôt perir ,

Tant son amour propre l'enyvre
Quand il croit que l'homme le delivre
La Parque alors, luy dit il faut mourir.
    Quel déplaisir, quel profond ennuy
Quand on repasse dans sa memoire,
Le monde, & ce qu'on a fait pour luy,
Sa pompe, sa vanité, sa gloire;
Helas Chrétien, peut être aujoud'huy
Tu descendras dans la tombe noire:
Dieu pour lors en courroux justement
Fera l'examen de ton Ame
Et peut être une éternelle flame,
De tes pechez sera le chatiment.
    Qui que tu sois, pecheur retire toy,
N'atens pas à cette heure derniere,
Le plutost qu'on peut rentrer en soy,
On a l'Indulgence Pleniere,
Dieu tout bon, est toûjours prest pour toy;
Agis en de la Sainte maniere,
Ne crain point tes pechez de jadis
Tu n'as qu'à crier misericorde,
IESVS à ce mot toujours accorde
Au cœur contrit son Sacré Paradis Amen.

F I N.